# 루저

240일 간의 자기 혁명

Loser

# 루저

Loser

240일 간의 자기 혁명

김태한 저

교육과학사

## | 프롤로그 |

"내세울 것 없지만 또한 버릴 것 없는 내 생이다."

– 윤재철, 〈젖은 꽃〉 –

어느덧 익숙해진 새벽 4시, 긴 밤의 끝을 붙잡고 있는 눈꺼풀을 들어 올려 잠을 멀리 보낸다. 스탠드의 스위치를 올리고 서재에 앉아 어제 작성된 원고를 다시 한 번 읽어 내려간다. 수정된 원고는 나만의 원고 상자에 넣어 놓는다. 아마 내일이 되면 다시 수정된 원고가 그 자리를 대신할 것이다.

2시간 정도 글쓰기가 마무리되면, 운동복으로 갈아입고 한강으로 천천히 내달린다. 새벽의 신선한 공기는 마음속에서 무언가 불끈거리게 하는 힘이 있다.

사무실로 돌아와 샤워를 한 뒤 그날 기분에 맞는 책을 꺼내어 잔잔한 음악과 함께 아무 페이지나 펼쳐서 한 챕터를 정독한다. 다음은 간단한 회의 후에 책가방 하나 둘러메고는 사무실을 나선다.

매일 아침, 세상 밖으로 출근한다. 시선과 발길이 닿는 곳. 그곳이 나의 사무실이다. 어느 날은 홍대 앞 카페가 사무실이 되기도 하고, 어떤 날은 공원의 고즈넉한 정자(亭子)가 사무실이 되기도 한다. 이 글은 백운호수가 내려다보이는 자그마한 카페에서 쓰고 있다.

나는 지금 '글'이라는 새로운 길로 들어서려 하고 있다. 1년 전, 명함 한 장에 규정된 삶을 벗어나기 위해 10년을 다닌 회사를 퇴사했다. 주위에서는 평생 안정된 삶이 보장된 직업이라 했지만 결코 행복하지 않았던 고민의 나날들을 보내면서 나는 점점 무기력하고 수동적인 사람이 되어갔다.

'선택'을 강요받고, 지시에 무조건 복종해야 하는 사내문화에서 내 생각 따위는 조금도 중요하지 않았다. '존재의 부존재…' 늘 허한 가슴을 안고 퇴근하는 길, 바람은 언제나 차가웠다. 나는 행복해지고 싶었다. 그런 삶을 동경했지만 무엇을 어디서부터 어떻게 해야 할지 몰랐다. 그러다 퇴사를 결심하게 되었다. 무모하기도 했고, 어리석기도 했다. 그러나 '퇴사'는 스스로의 결정이었고 그 중심에는 결과에 대한 모든 책임이 나에게 있음을 받아들인 선택이었다. 내 인생에서 이처럼 큰 용기를 낸 결정은 또 없을지도 모른다.

퇴사 이야기를 서두에 꺼내놓은 것은 내 삶을 바꾼 가장 큰 변곡점이 '퇴사'였기 때문이다. 조직이라는 배경이 사라지자 나를 바라보는 세상의 시선도 달라졌다. 그러나 나는 외롭지 않았다. 하얀 화폭에 스케치부터 다시 한다는 생각만으로 설레고 즐거웠다.

회사를 나오기 전, 이름 모를 해변을 거닐다 방파제 위에서 바늘에 낚인 물고기가 온몸을 파닥거리며 세차게 꼬리를 튕겨내는 모습을 본 적이 있다. 사력을 다해 드넓은 바다로 돌아가고자 하는 생명의 의지가 지금의 내 처지와 크게 다르지 않음을 느꼈다. 벌어진 아가미 사이로 목숨이 새어나가는 현장감에 숨이 막혀왔다.

'숨 쉬고 싶다!'

온 힘을 다해 자유의 바다로 뛰어들고 싶었다.

바다에서 돌아온 이후 그간 속에만 담아 두었던 글쓰기에 도전하기로 했다. 행동하지 않는 가능성은 애초에 불가능한 것이나 다름없다는 것을 깨달았기 때문이다. 관망하그 시간을 흘려보내는 사이 나도 모르게 서서히 죽어가는 것임을.

이후 새벽 시간을 이용해서 매일 두 시간씩 원고를 쓰기 시작했다. 어느덧 두툼히 쌓인 원고 위로 따뜻한 햇살이 쏟아지듯 넘어 들어온다. 그사이 계절이 바뀌고 내 나이도 한 살을 더 먹기 일보 직전이다. 여전히 난 퇴사 이후의 자유를 만끽하고 있다. 기분 좋은 음악과 갓 내린 커피와 함께 글에 젖어 있는 이 행복을 난 사랑한다. 먼 산의 신선한 초록과 투명한 하늘이 만들어내는 설렘의 앙상블에 취해 글을 쓰는 이 시간이 행복하다.

이 책은 보통의 존재인 한 남자의 240일 간의 인생 도전기이다. 그리고 그의 삶은 여전히 현재 진행형이다. 어제보다 나은 오늘을 꿈꾸는 사람들과 나의 이야기를 나누고 싶다.

누구에게나 삶은 중요하지만 그렇다고 해서 누구나가 소중히 다루지는 않는다. 나 역시도 그랬고 30대 중반의 나이에 남은 인생을 어떻게 써야 할지에 대해 진지한 고민에 빠져들었다. 지금 당신이 행복하다면 불행했던 과거는 재해석될 수 있다. 현재가 행복해지기 위해 내가 어떤 결심을 해야 할지를 생각하길 바란다. 당신이 생각하고, 당신이 결정하고, 당신이 책임질 준비가 되어 있다면 당신은 행복해질 것이다.

지금 여러분들이 이 글을 읽고 있다면 나는 '책'이라는 또 한 번의 행복의 항해를 시작했다는 것이다. 글을 쓰는 이 순간, 출판의 여부를 떠나 행복하다. 인생의 목표는 결과가 아니라 매 순간의 과정에 있음을 변화와 성장을 만끽하는 이 하루를 통해서 느낀다. 이 황홀한 걸음걸이를 결코 멈추지 않을 것이다. 도전의 크기만큼 두려움도 커지겠지만 기꺼이 그 두려움에 맞설 것이며 결코 물러서지 않을 것이다. 그러한 여정 속에서 여러분들이 이 변화와 성장의 증인이 되어주기를 바란다.

운명에 순응할 것인가 맞설 것인가는 언제나 나의 선택이다. 그 선택을 언제나 내 스스로 할 수 있다는 것. 누구에게나 선택의 권리는 있다는 것. 인생은 미치도록 두근거리는 황홀한 여행이다.

청춘이여,

지금부터 내가 걷는 낭만의 바다로 그대들을 초대한다.

## 차례

Chapter_2

## 조금 특별한 존재

Chapter_3
## 특별한 보통의 존재

# 보통의 존재

chapter 1

## 1) 열등감(劣等感)

삶은 온전히 사실에 대한 극복의 연속이다. 기린은 높은 곳의 나뭇잎을 먹기 위해 목이 길어졌고, 코끼리는 생존 섭취를 위해 코가 길어졌다.

우리나라에서 가장 빠른 랩을 구사하는 래퍼 아웃사이더는 말을 더듬는 사람이었으며, 한국 대중음악계에서는 전설이 된 서태지 역시 첫 방송(연예가중계)에서 혹평을 들으며 평가절하되었다. 이들은 실체를 부정당한 시대의 열등이다. 그리고 그것을 각고의 노력 끝에 극복해낸 것, 그것이 일상이다.

대부분의 사람들은 고상함의 가면 뒤로 열등을 감추기에 급급하다. 그러나 적당한 열등감과 스트레스는 스스로를 발전시키는 원동력이 될 수 있다. 이런 열등감을 내버려두지만 말고 앞에 꺼내 놓아 보자. 혹시 처음부터 존재조차 하지 않았던 실체에 지금까지 목매여 있었던 것일지도 모른다. 거대해 보였던 문제들은 의외로 크지 않을 수도 있다. 아니 어쩌면 처음부터 존재하지도 않았을지도 모른다.

20대 중반은 열등감이 극에 달했던 시기였다. 직업도, 수중에 돈도 없고, 게다가 설상가상 탈모가 진행되기 시작한 시기였다.

탈모는 20대 초반부터 나를 괴롭혀온 질병 중의 하나다.(나는 지긋지긋한 탈모로 인하여 이것을 질병으로 명명하기로 했다.) 어느 날 머리카락이 젤의 무게를 견디지 못하고 두피 위로 주저앉았을 때의 낭패감을 기억한다. 이후 그것이 탈모로 인한 것임을 알았을 때의 두려움, 이후의 분노, 다음의 허탈감……. 내 머리카락은 사나운 바람이 부는 사막의 모래와 같이 힘없이 훅 날아다니기 시작했다. 겨우 스물넷……. 춤추고 멋을 좋아했던 나에게 당시에는 받아들이기 힘든 고통스러운 현실이었다. 혼자 앓는 열등이 가슴 아팠다.

그제야 아버지의 헤어스타일이 눈에 들어오기 시작했다. 아……. 우리 아버지는 왜 머리를 한쪽만 단발로 기르셔서 마치 여름철의 고추 널듯이 옆으로 확 넘기셨는지, 왜 우리 아버지는 아침마다 방독면을 쓰고 싶을 정도로 스프레이를 뿌려대셨는지…….

그 시절 모자 없이 외출하는 것은 꿈도 꾸지 못했다. 지금 가지고 있는 모자만도 100여 가지가 넘는다. 모자 없이 거리에 나서면 마치 벌거벗겨져 길거리에 내던져진 것 같은 수치심이 들었다. 이런 나의 질병은 취업을 준비해야 하는 시기에 진로에 대한 심각한 고민거리를 던져 주었는데 그 당시 진로를 선택하는 나의 기준은 단 하나, 근무시간에 모자를 쓸 수 있는 직업들이었다. 교정직 공무원, 경찰, 군인, 공사 현장 근로자, 요리사, 마술사, 택시 기사. 남들이 보기에는 우스워 보일 수도 있겠지만 당시 나에게는 매우 큰 고민거리였다.

2013년 겨울 아버지는 자식에게 탈모를 물려주었다는 미안함에 내 손을 잡고 유명한 가발 회사를 찾아갔다. 회사 앞에서 쭈뼛대던 나는 아버지의 손에 이끌려 건물 안으로 들어갔다.

안으로 들어서자 양쪽 벽면은 가발이 잔뜩 진열되어 있었다. 잠시 후 배정된 상담사의 안내를 받으며 구석진 방으로 들어갔다. 담당자는 이참에 탈모에 대한 고민에서 벗어나라며 집요하게 나를 설득하려 들었다. 처음에는 경계했지만 그의 말에 점점 빠져들었고 어느 사이에 커다란 거울 앞에 앉아 두상을 재는 나를 발견했다.

랩을 머리 전체에 꽁꽁 싸매고 그 위에 사인펜으로 머리에 빈 곳을 표시하는 모습을 보고 있자니 우울했던 마음에 뻥 하고 구멍까지 나버린 허허한 기분이 밀려왔다.

거울에 비친 내 모습이 도저히 인정되지 않았다. 나에게도, 나를 이끌고 이곳까지 온 아버지에게도 화가 났다. 나는 랩을 쓴 채로 자리에서 도망치듯 일어났다.

집에 돌아와 탈모에 관한 정보를 수집하기 시작했다. 먼저 국내에서 대표적인 탈모 카페에 가입을 한 후 정보들을 모으기 시작했다. 카페 홈페이지에는 시선을 잡아끄는 민간요법들이 매일 게시판에 올라왔다. 치약으로 머리를 감으면 머리가 난다더라, 참기름을 한 숟가락씩 매일 먹으면 좋다더라, 독일의 어떤 샴푸가 좋다더라, 어디 한의원에 가보라는 식의 검증되지 않은 글들이 대부분이었지만 그래도 믿고 싶은 것이 사람 마음 아닌가.

나는 그들의 조언에 따라 치약으로 머리를 감다가 아찔할 만큼 밀려오는 통증에 두피가 상하기도 했었고, 매일 아침, 점심, 저녁으로 마셔댄 참기름 탓에 속이 니글거려 지금도 참기름 냄새만 맡으면 속이 메스꺼워진다. 5분이면 끝나는 탈모 치료를 받기 위해 수개월간 퇴근 후 왕복 4시간씩 운전하기를 주저하지 않았다. 그러나 결국 내게 돌아온 것은 늦가을의 나뭇잎같이 떨어지는 힘없는 머리카락들이었다.

그러던 어느 날 문득 외출 준비로 구겨진 모자를 뒤적거리며 찾다가 혼자 멍하니 창밖을 바라보았다. 수많은 차들은 어디론가 쉴 새 없이 내달렸고, 사람들은 저마다 바쁘게 걸음을 재촉했다. 문득 생각했다.

'밖으로 나가 볼까?'

문고리 앞에서 몇 번이나 맘을 고쳐먹었는지 모른다. 그러다 결국 용기를 내어 모자를 쓰지 않고 거리로 나가 보았다. 탈모가 시작된 이후 모자 없이 외출하기는 처음이었다. 처음에는 사람들의 시선에 신경이 쓰여 저절로 어깨가 움츠러들었고 발걸음은 자꾸만 빨라졌다. 쇼윈도에 내 모습이 비치기라도 하면 얼른 고개를 돌려 보지 않으려 했다. 나는 내 모습이 정말 싫었다.

그렇게 얼마나 걸었을까. 고개를 들어 주위를 살피는데 그 누구도 나에게 관심을 갖는 사람이 없다는 것을 깨달았다. 저마다 자기 갈 길을 갈 뿐, 그들에게 나는 분명 관심을 가질 만한 존재가 아니었다. 그제야 허벅지의 힘이 서서히 풀림을 느꼈다. 자동차들은 쉼 없이 양방향으로 내달렸고 바로 옆을 지나가는 사람들은 눈길조차 주지 않았다. 심지어 편의점의 직원은 무심한 미소를 띠며 건조하게 나를 맞아 주었다. 심장의 불안한 두근거림은 점차 잦아들었고 마음은 평정심을 찾아 갔다. 그러자 가슴이 서서히 펴지기 시작했다. 이내 땅을 딛고 선 발걸음에 힘이 실렸다.

문득 이런 생각이 들었다. 내 열등감의 근원은 나였다는 것 말이다. 세상은 나 하나를 신경 쓰기에 그렇게 한가하지 않다. 저마다의 인생에서 나라는 존재는 기억되지 않는 엑스트라에 불과하다. 생각해보니 평소의 나조차도 다른 사람에 대해 크게 신경 쓰는 편이 아니었다.

열등감은 타인의 시선에서 자유롭지 못한 나 자신이다. 세상이 나를 주목하고 나의 작은 변화에도 반응할 것이라는 착각이 열등감을 더욱 깊어지게 만든다. 내가 나로서 살아가기 위해서는 사람들의 시선에서 자유로워져야만 한다. 내가 무엇을 하든 그것은 전적으로 나의 선택, 나의 결정이어야 한다.

일단 벗어나보라, 자유로움이란 것이 어떤 기분인지.

끝내준다.

민머리도.

## 2) 의료여행 1

탈모를 극복해보려고 좋다는 모든 방법들을 시도해 보았다. 그러나 전혀 소용없었다. 결국 선택한 최후의 수단은 '모발 이식'이었다.

어느 날 저녁, 퇴근 후 신문을 읽고 계신 아버지에게 말을 꺼냈다.

"아버지, 터키 좀 다녀오겠습니다."

"그래. 다녀와라. 잠깐만 뭐?? 근데 어데 간다꼬?"

"터키요. 유럽에 있는 터키…."

"회사 안 가나?"

투박한 경상도 톤에 높아진 목청으로 아버지는 되물으셨다.

"와? 터키는 모할라꼬?"

"네… 머리… 심고 오겠습니다."

"뭘 심어?"

"머리카락을 심고 오겠습니다."

아버지의 두 눈이 연신 끔벅이며 갑자기 일갈하셨다.

"도란 쉐끼 아이가!"

"아버지, 이렇게 스트레스를 받고 사느니 마지막 방법까지 써봐야 제가 받아들일 수 있을 것 같습니다."

사실 그때는 이미 비행기 표를 예매한 후였고 회사에도 5일간의 휴가를 내놓은 상태였다.

솔직히 두려웠다. 낯선 나라에서 수술을 받아야 하는 현실도 그랬고 정치적으로 불안한 터키라는 나라도 그랬다. '모발 이식'이라는 최후의 보루는 머리 자체에 집착해서만은 아니었다. 나름 내가 할 수 있는 모든 방법을 시도해보지 않고서는 두고두고 미련이 남을 것 같았기 때문이다. 모발 이식이 성공하지 못하더라도 나는 있는 그대로의 나로서 살아갈 마음이었다.

난 며칠 후 비행기에 올랐다. 내 첫 해외여행이 의료여행이 될 줄은 꿈에도 몰랐다. 출국 당일 비행기 시간은 밤 11시 50분이었지만 긴장한 탓에 출발 6시간 전에 공항에 도착했다. 생각보다 많이 남아버린 시간 때문에 공항 이곳저곳을 배회하다가 유리창 밖에 별이 보일 때쯤 나는 의자 위에서 까무룩 잠이 들었다.

이 사진을 끝으로 나는 잠이 들었다.

얼마나 잠들었을까. 무거운 눈꺼풀을 들어 시계를 확인해 보니 비행기 출발시간이 얼마 남지 않았다. 나는 화들짝 놀라며 가방을 들쳐 메고는 비틀비틀 냅다 게이트로 뛰었다. 다행히 시간 내에 비행기에 오를 수 있었고 안도의 한숨을 쉬며 자리를 찾아 앉았다.

승무원들이 탑승객의 숫자를 카운트하고 비행 준비로 분주한 시간이 이어졌다. 나는 주머니에서 핸드폰을 비행기 모드로 바꾸기 위해 주머니에 손을 넣었다.

'어? 어디 갔지?'

그런데 주머니가 비어 있었다. 생각을 해보니 로비의 기둥에 핸드폰을 꽂아 놓고는 잠에서 깨자마자 헐레벌떡 비행기에 탑승한 것이다. 속으로 생각했다.

'도대체 나는 뭐 하나 그냥 지나가는 일이 없냐!'

마음속에서 많은 생각들이 스쳐갔다.

'그냥 없어진 셈 치고 그냥 갈까?'

'아니야, 무슨 생각을 하는 거야. 찾아야지.'

이것저것 생각할 겨를이 없었다. 비행기 기체는 조금씩 떨려오고 있었다. 나는 재빨리 손을 들어 금발의 승무원에게 도움을 청했다. 저 멀리서 탑승객을 카운트하던 승무원은 카운트를 멈추고 나에게 다가왔다. 머릿속은 영어 단어를 기억해내려 중학교 수업시간의 기억을 짜내고 있었다. 다급하게 문자의 조합을 완성해나갔다. 금발의 승무원은 입가에 미소를 띤 채 점점 다가오고 있었다.

'가만있자. 놓고 오다가 영어로 뭐지? leave던가? 그럼 놓고 온 거니까 과거형인 left겠다. 그럼 I left로 시작을 해야겠다.'

그 와중에 금발의 승무원은 내 바로 옆에 와서 무어라 얘기를 했다. May I로 시작하는 거 보니 '무엇을 도와줄까'라는 내용인 것 같았다. 나는 다급하게 말을 했다.

"아이 리브 아니 아니 레프트 마이 셀폰… 그 모냐… 그래 차져 차져 인 프론트 오브 롸비."

승무원이 못 알아듣는 듯하여 다시 말을 했다.

"그러니까 내가 핸드폰을… 아니 충전기를 아니 차져하다가 인 프론트 오브 로비!"

그때 되돌아온 대답.

"아, 핸드폰 놓고 오셨나요?"

그 순간 구세주를 봤다. 저 사람이 내 말을 알아들었다는 것과 금발의 입에서 한국말이 나온다는 것. 이 모든 것이 경이로웠다.

"예쓰예쓰!"

"따롸오세열."

유치원에 가는 어린아이마냥 승무원의 팔에 이끌려 로비로 뛰어나갔고 저 멀리 보이는 까만색 핸드폰을 발견하고는 냅다 뛰어가서 가지고 왔다. 기내에 돌아와서 나는 연신 땡큐를 남발했다. 한손에 충전기와 함께 돌아왔을 땐 옆자리에 앉은 외국인이 "you did it!"이라고 말을 건네며 찡끗 하고 미소를 보내주었다. 이미 정신은 출발 전부터 안드로메다로 날아가 버렸다. 그렇게 내 의료여행은 시작되었다.

복잡한 마음과는 다르게 하늘은 매우 맑은 날이었다.

### 3) 의료여행 2

생각보다 터키는 멀었고, 비행기 좌석은 좁았다. 12시간에 가까운 시간을 좁은 공간에 앉아 있다 보니 속은 더부룩했고 계속 화장실이 가고 싶었다. 붙어있는 세 개의 자리 중 창가 쪽 좌석을 예매한 탓에 매번을 "익스큐즈미"로 나가자니 눈치가 보였다. 한국 영화 '광해'를 3번이나 봐도 도착을 하지 않을 만큼 먼 거리였다. 미안함을 무릅쓰고 화장실을 갈라치면 그 안은 마치 조금 전에 폭탄이 떨어진 것 같은 상태여서 도저히 들어갈 엄두가 나지 않았다. 설상가상으로 화장실을 제때 가지 못하고 끼니때마다 음식은 착실히 챙겨 먹은 덕분에 뱃속에서는 전쟁이 한창이었다. 도착했을 때는 이미 지칠 대로 지친 상태였다.

인고의 12시간의 긴 비행 끝에 나의 '마지막 희망의 땅'에 도착했다. 긴 선회 비행을 한 비행기가 활주로와 맞닿으며 쿨럭거렸고 몸은 기침하듯 덜컹거렸다. 이윽고 비행기가 멈추고 사람들은 제각기 짐을 찾으며 부산스러워졌다. 저마다 막고 있던 입을 약속이나 한 듯 열었고 하나둘 비행기 출구를 향해 바삐 몸을 움직였다.

비행기 출구를 나서는 순간 영화의 주인공처럼 두 팔을 벌려 깊은 숨을 들이마셨다. 출발하기 전 다른 나라의 공기는 분명 우리나라와 다를 것이라 생각하며 비행기에서 내리기 전 마치 쇼생크 탈출의 톰 행크스처럼 두 팔을 벌려 깊은 숨을 들이마셨다. 똑같았다.

뒤에서 'hey, hey'거리며 빨리 내리라는 밀침을 받고 머쓱해져서 황급히 내렸다.

공항에 내리니 어디로 나가는 것인지를 몰라 우왕좌왕 헤맸다. 그럴 때는 많은 사람들이 가는 곳이 필시 나가는 곳이다. 많은 무리의 사람들이 향하는 곳으로 같이 섞여서 걸었다. 나는 한 곳에 도착해서 줄을 섰고 그 줄은 똬리를 튼 뱀처럼 길었다. 그렇게 30여 분을 기다려서 내 차례가 됐고 앞으로 나가려는 찰나 내 눈앞에는 'transfer'라는 익숙한 단어가 눈에 들어왔다. 환승 게이트에 줄을 섰던 것이다. 첫 해외여행에 영어권도 아니다 보니 공항에서부터 갈팡질팡했다. 겨우겨우 병원에 도착했는데 숨 돌릴 틈도 없이 현지 직원의 안내를 받아서 수술대 위에 눕게 되었다. 장시간의 비행과 멀고도 낯선 타국에서의 갑작스런 수술에 이러다 죽는 것 아닌가 하는 두려움과 긴장감이 밀려왔다.

수술실의 문이 열리고 의료진들이 들어왔다. 해외 영화에서나 보던 사람들이 나를 둘러싸고 그들 나라 말로 대화를 시작했다. 그렇게 시작된 대화는 그 뒤로 7시간 동안 단 1분도 끊이지 않고 계속 됐다.

먼저 모발 이식을 위해서는 머리를 완전히 밀어야 했다. 의료진의 도움으로 밀려나가는 머리칼을 보니 괜스레 마음이 짠해졌다. 그저 잘되기만을 바랄 뿐이었다.

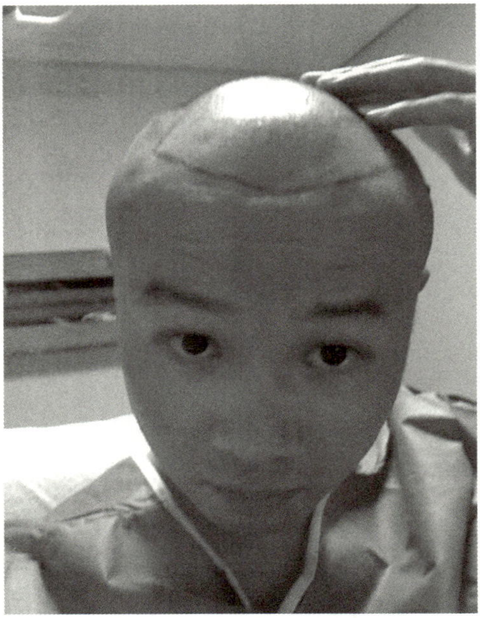

모발 이식을 위한 자리에 색연필로 그리고는
셀카를 찍었다.

이윽고 수술을 진행할 담당 의사가 들어왔고 수술이 시작됐다. 건강한 모낭을 채취하기 위해서 뒷머리와 옆머리는 모낭을 적출하기 위한 드릴처럼 생긴 기계로 연신 윙윙거렸고 깊게 두피를 뚫고 들어오는 예리한 느낌과 두개골에 울려 퍼지는 끔찍스런 소리에 소름이 돋았다. 마취 주사를 곳곳에 맞아서 머리가 붓기 시작하더니 곧 전구처럼 흉측한 몰골이 되었다. 그들은 고정된 내 몸을 이리저리 돌려가며 시술을 했다. 무려 7시간 동안. 정말 견디기 힘든 시간이었다. 사지에 마비가 오고 울음보를 터뜨리기 일보 직전의 순간 드디어 수술이 끝났다. 터키 의료진은 7시간 동안 쉬지 않았다. 그들의 집중력 또한 대단하다는 생각을 했다.

머리에 붕대를 칭칭 동여매고 병원을 나서니 이미 해는 저물고 어둑한 어둠이 내려앉아 있었다. 도착하자마자 수술에, 병자의 모습으로 맞는 낯선 이국의 밤. 참 어이없고 우스워서 혼자 킥킥거리며 웃었던 기억이 난다.

숙소에 돌아와서 휴대폰을 켜니 가족과 지인들의 문자가 폭주해 있었다. 먼저 걱정하시는 부모님께 영상전화를 드렸다.

"여보세요?"

화면 너머로 부모님의 얼굴이 보인다. 한동안 긴장하고 계셔서인지 두 분의 낯빛이 많이 피곤해 보이셨다.

"인마! 와! 전화를 안 받노! 지금 어디고? 얼굴은 또 와 그렇노?"

화면에 내 얼굴이 나오니 표정이 더욱 일그러지셨다. 전구같이 부풀어 오른 모습에 어머니는 금방이라도 울음을 터뜨릴 것 같았다. 거울에 내 모습을 비춰보니 피가 배어나와 굳은 자국이 군데군데 보였다. 붕대를 감아 놓으니 흡사 미라처럼 보였다. 이런 모습을 보여드렸으니 두 분이 놀라시는 것도 당연했다.

설상가상 내가 도착한 당일, 터키 시리아에서 폭탄 테러가 일어났다. 이 소식을 뉴스 속보로 전해 들은 한국의 부모님과 지인들은 내가 도착한 날 일이 터져서 걱정이 이만저만이 아닌데 연락까지 되지 않고 7시간이 지나서야 조그만 핸드폰 액정에 나타난 내 모습이 영락없는 포로의 모습이었던 것이다. 그 몰골로 부모님을 안심시켜드리고 지인들에게 나는 아직 살아있음을 알리며 첫날 밤을 보냈다.

햇빛을 보지 말라는 의사의 말대로 이튿날 저녁이 돼서야 갑갑한 마음에 숙소 로비로 나왔다. 지나가는 길거리의 사람들을 구경하며 모처럼 여유를 즐기고 있을 때, 로비 밖에서는 가족 단위의 파티가 벌어진 것 같았다. 한참을 그들이 즐기는 모습을 바라보고 있는데 영화에서나 나올 법한 아주 예쁜 소녀가 웃으며 다가왔다. 웃으며 화답을 해주었더니 나의 머리를 가리키며 무어라 말을 한다. 아마도 왜 붕대를 감고 있냐고 하는 모양이었다. 터키 말을 할 수 없어 그저 바라보고 웃고 있는데 저 멀리서 소녀의 어머니로 보이는 사람이 뛰어와 소녀를 다그치며 거칠게 데리고 갔다. 낯선 사람과 이야기하지 말라는 교육은 한국이나 서양이나 비슷한 것 같았다. 아닌 게 아니라 내 모습은 마치 붕대 두른 동양 문어쯤으로 보였으리라. 나는 씁쓸한 미소를 남기고는 숙소로 다시 되돌아갔다.

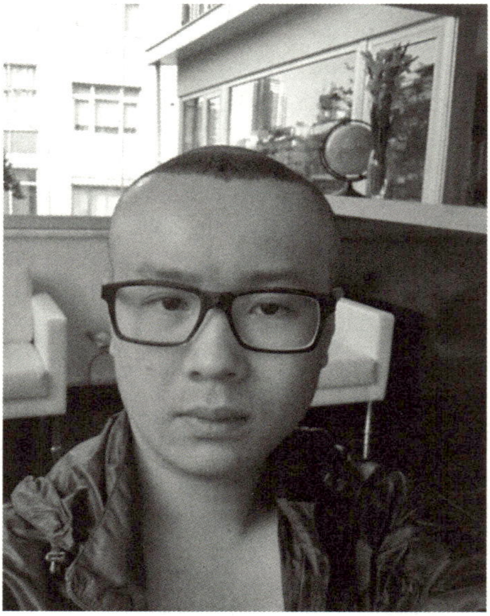

동양문어

모발 이식은 수술을 했다고 끝나는 것이 아니다. 귀국 후 이식했던 머리카락이 6개월에 걸쳐 모두 빠지며 다시금 절망감에 휩싸이고 다시 6개월에 걸쳐 새로운 모발이 자랄 때까지 혹시나 실패한 것은 아닌지에 대한 두려움과 끈질긴 기다림의 시간을 거쳐야 비로소 시술의 결과가 판가름 난다.

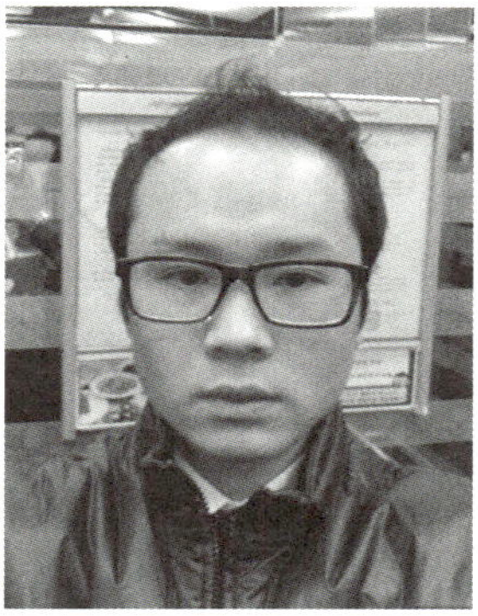

주꾸미의 변신!

이렇게 1년에 걸친 모발이식 과정이 끝이 났고 인고 끝에 없었던 머리카락을 가질 수 있었다. 지독히도 나를 괴롭히던 탈모의 늪에서 나는 그렇게 빠져나왔다. 물론 풍성한 머리숱을 가질 수는 없지만 최소한 내가 해볼 수 있는 최선의 노력은 했기에 후회는 없다. 설사 머리가 다시 빠진다 해도 이제는 받아들일 수 있다. 만약 아무것도 하지 않고 있었다면 나는 여전히 탈모에 대한 고통을 안고 살고 있을 것이다.

얼마 전 모발 이식을 위해 정보를 얻었던 인터넷 사이트에 오랜만에 접속을 했다. 그곳에는 모발 이식을 망설이는 사람들의 질문들이 여전히 많았다. 나는 상세한 후기를 올리고는 카페를 탈퇴했다. 비로소 나를 속박하던 굴레에서 벗어난 느낌이 들었다.

머리가 다시 빠진다면 이제는 웃으면서 밀어버릴 것 같다. 가발도 나쁘지 않다. 난 할 만큼 했으니까. 후회를 남기지 않으면 후회할 일이 없다.

## 4) MBC와 대사관

시간을 거슬러 스무 살 후반 때의 일이다. 일자리를 구하지 못해 움츠리고 앉은 방구석의 냉랭한 기운은 겨울의 한파보다 시렸다. 그런 못난 자식의 모습을 보는 부모의 마음은 오죽할까.

"방 안에만 붙어있지 말고 가서 양파나 좀 사와!"

어머니는 가까스로 화를 억눌러가며 말했다. 나는 말없이 주섬주섬 옷을 입고 집을 나와 거리를 나섰다. 한겨울의 추운 공기가 코끝을 타고 들어와 폐 속 깊숙이 찔렀다. 가끔씩 부모님이 시키는 심부름이 낮의 바깥세상을 구경하는 유일한 일이었다.

장을 보고 터덜터덜 돌아가는 길에 벽에 붙은 전단 한 장이 눈에 들어왔다.

'청소년 겨울 캠프 영어 전공자 모집'

'영어 캠프?'

산 넘고 물 건너 이름 모를 대학의 영어 전공자였던 나는 전단을 유심히 들여다보았다.

'시급 5만 원, 하루 3시간'이라고 써 있었다.

언젠가 폐건물 바닥에 붙은 카펫을 제거하는 일을 한 적이 있다. 당시 아침 7시부터 저녁 6시까지 꼬박 일하고 받았던 일당이 8만 원이었으니, 시급 5만 원이면 당시 나에게는 큰 금액이었다.

나는 집으로 돌아오자마자 해당 홈페이지를 찾아 지원서를 작성했다. 지원서의 칸을 채워 내려가던 중 '영어 능력'을 묻는 문항에서 손이 멈췄다.

보기에는 [상, 중, 하]라고 표기되어 있었다. 여러분들은 이럴 때 어떻게 하는가? 사실 객관적인 내 영어실력은 '중하'였지만 나는 과감하게 '상'에 체크했다. 어차피 채용되는 것이 우선이고 영어 능력이야 들어가서 미친 듯 몰입해볼 요량이었다. 지금 회사를 운영하다 보니 가끔 면접을 보러 오는 친구들과 이야기를 나눌 기회가 있는데, 좋은 학벌에 우수한 스펙을 갖췄음에도 불구하고 스스로를 드러내는 데 주저하는 모습을 보게 된다.

세상에 나오고 나서 한 가지 깨달은 점이 있다면, 각자의 영역에서 활약하는 전문가들은 모두 아마추어였고 서툴렀다는 점이다. 전문가로 태어나는 것이 아니라, 전문가가 되어가는 서툰 과정이 능력 있는 인재를 만든다는 사실이다. 취업준비생이 프로페셔널한 것도 문제다. 서툴지만 열정적인 패기로 약점을 극복하고자 하는 자세가 아마추어정신이라고 생각한다.

내 전략은 먹혔고 서류와 면접을 통과했다. 짧은 2개월 동안 영어 통역 아르바이트를 하는 과정 속에서 원어민과 마음껏 대화할 수 있다는 이점을 살려 실무자 이상으로 일거리를 좇았고 어떻게든 좋은 계기를 만들 수 있지 않을까 생각하며 성심성의껏 일했다. 눈 깜짝할 새 2달이 지나가고 프로그램의 마지막 순서인 현장 견학만 남겨 두고 있었다.

여기서 사건이 터졌다. 견학 프로그램을 출발하기 전, 원어민 교사 마이크는 내게

"You have to go to embassy. Then see you there."

라는 말을 했고 나는 이 문장을

"여러분들은 MBC로 가셔야 합니다. 다들 거기서 봅시다."라고 전달했다.

그렇다, 여러분들이 상상하는 대로다. 종로로 가야 할 수강생들은 여의도로 출발했다. 종로에 도착한 운영진과 여의도에 도착한 수강생들은 당연히 만날 수가 없었고, 이후 예약되어 있던 모든 프로그램이 취소되어 버렸다. 이 어이없는 소동에 팀장은 노발대발했고 회사로 돌아온 나는 마이크와의 3자 대면을 해야만 했다.

마이크와 내가 수업 내용을 복기하는 과정에서 문제의 문장이 등장했다.

"You have to go to embassy. Then see you there."

나는 수업 때와 똑같이 "여러분들은 반드시 MBC에 가셔야 합니다. 다들 거기서 봅시다."라고 통역했다. 그 순간 흠칫 놀란 마이크

와 팀장의 어이없다는 눈빛을 지금도 기억한다. 마이크는 다시 한 번 확인하듯이 "You have to go to em. ba. ssy."라고 글자 하나하나씩 힘주어 말했고 뭔가 이상한 분위기를 감지했지만 그때까지도 영문을 몰랐던 나는 "여러분들은 반드시 문화브로드캐스팅코퍼레이션에 가셔야 합니다."라고 멍청한 통역을 한 것이다.

그랬더니 원어민 선생님은 탁구공만 해진 눈으로

"그거 안냐 인마아."

"대사과안."

대사관이란 말을 듣는 순간 등에서는 식은땀이 흘렀다.

'그… MBC가 아니구나!'

그렇게 두 달간의 아르바이트는 끝났다. 팀장은 노발대발하며 두 번 다시 영어 관련 일을 하지 말라며 비난에 가까운 충고를 던졌다. 정말 부끄러워 고개를 들고 다닐 수 없을 정도였지만 한편으론 그간의 업무 실적을 고려해 주지 않은 야박한 평가에 서운하기도 했다. 그러나 사회는 결과를 놓고 말해야 한다. 변명의 여지가 없었다.

결과를 받아들인다는 것은 책임을 지고 물러나는 것을 의미하는 것만은 아니다. 문제의 원인을 제대로 파악하고 향후 더욱 발전적인 모습을 보여줄 수 있다면 그것이야말로 제대로 된 반성이다. 당시 호된 질책을 받으면서도 물러서려는 마음 대신 어떻게든 다시 한 번 기회를 얻어야겠다고 생각했다.

기회를 얻으려면 그의 마음을 돌려놔야 했다. 방법을 몰랐던 나는 사과의 전화를 하거나 때때로 진심을 담은 문자를 보냈다. 물론 전화도 받지 않았고, 답장도 없었다. 그런데 사람 마음이 그렇지가 않다. 반성하고 자신을 낮추는데 끝까지 뻣뻣하게 굴 만큼 야박한 사람은 없다.

어느 날 아침 이런 메시지가 와 있었다.

"다음 주 월요일, 정장 입고 출근하세요."

정말 뛸 듯이 기뻤다. 일요일 저녁, 장롱 깊숙이 잠자고 있던 하얀 와이셔츠를 꺼내 정성스럽게 다림질을 하고 눈에 제일 잘 보이는 방문고리에 걸어놓았다.

만약 그날의 실수를 포기하는 것으로 책임졌더라면 나는 그 일로 인해 아무것도 배울 수 없었을 것이다. 책임을 진다는 것은, 다시는 그런 일이 반복되지 않도록 스스로를 정비할 수 있는 성숙한 시스템을 만드는 것이다.

사람 운명이란 것이 알다가도 모를 것이, 이렇게 다시 인연이 된 회사에서 나는 10년에 가까운 세월을 보냈다.

## 5) 정장 입은 자원봉사자

요의를 느껴야만 일찍 일어날 수 있는 백수의 이른 아침, 실로 수년 만에 알람 소리에 일어나 보는 아침이었다. 정갈하게 샤워를 마친 뒤 혹여나 배가 나와 보일까 정장 바지의 벨트를 한 칸 더

졸라맸다. 아들의 첫 출근에 어머니는 새벽부터 아침 준비가 한창이시다. 주방에서부터 넘실대는 된장찌개 냄새는 구수했고, 아버지와 같은 거울을 보며 넥타이를 정리하는 어색한 상황이 연출되는 아침이었다. 넥타이를 잘 매지 못하는 나에게 넥타이의 매무새를 잡아주는 아버지의 모습이 낯설었다. 넥타이를 조심스레 잡아당겨 단단하게 만들고 옷매무새를 다시 정리하고는 식탁에 앉았다. 어머니는 굳이 깊은 잠에 빠져 있는 동생까지 깨워 네 식구가 이른 아침에 한 식탁에 앉아 있는 모습은 감동적이기까지 했다.

아침 식사 뒤, 신발장에서 구두를 꺼냈다. 대학교 졸업식 때 부모님께서 사주신 제법 값이 나가는 구두였다. 끈을 질끈 동여매고는 문을 나섰다.

말끔한 정장 사이를 파고드는 공기가 쌀쌀한 초겨울로 접어드는 월요일 아침, 오랫동안 어두운 방구석에서만 지내다가 만난 아침

공기는 상쾌했고 발걸음은 가벼웠다.

얼마 걷지 않아 저 멀리 큰 건물이 보였다. 그 건물은 사막의 오아시스처럼 넓은 땅 위에 덩그러니 우뚝 솟아 있었다. 평소에 지나다닐 때에는 있는지조차도 모르다가 오늘은 가까이 갈수록 거인이 다가오는 것처럼 점점 커지며 눈에 들어왔다.

백수 생활에서 회사는 나에게 구세주이었다.

정문을 열고 로비를 지나 사무실 앞에 도착했다. 유리창 너머 직원들의 일하는 모습이 눈에 들어왔다. 모든 것은 정지되어 있는데 키보드 위의 손가락들만 빠르게 움직이는 것처럼 보였다.

심호흡을 한 번 크게 한 뒤 문고리를 서서히 당겼다. 컴퓨터 타자 치는 소리가 점점 커지며 차갑게 귀에 들어왔다. 긴장을 이기려 낸 목소리가 나도 모르게 매우 크게 나왔다.

"안녕하십니까! 좋은 아침입니다!"

순간 키보드의 타다닥 하는 소리가 뚝 끊기며 정적이 흘렀고 모든 시선들이 나에게 날아와 꽂혔다. 그 잠시의 시간은 영원처럼 느껴졌다. 정지 화면 속 저 멀리서 곰 같은 사람이 머리 위로 손을 급하게 파닥거리며 불렀다. 그리고 다시 키보드 소리가 사무실을 서서히 채우기 시작했다.

"누가 그렇게 시끄럽게 들어오래. 일로 와!"

팀장은 갑작스러운 큰 소리에 놀란 듯 낮은 목소리로 말하며 조그만 회의실로 끌듯이 나를 데리고 갔다. 무언가를 잘못한 것 같았다.

"왔으면 일단 나한테 먼저 와야지 왜 문 앞에서 소리를 질러. 회사에 왔으니 출근이야 맞겠다만. 아무튼 할 일을 알려줄게. 아침에 오면 먼저 회사 앞마당을 빗자루로 쓸어. 그리고 배수로에 쓰레기 있는 것들 다 줍고. 그거 끝나면 사무실 들어와서 직원들 책상 닦고 유리 좀 닦으면 돼. 그리고 12시 되면 집에 가."

"네? 그게 전부입니까?"

"그래, 전부야."

"저… 실례지만 저의 직책이…?"

"너? 자원봉사지 뭐긴 뭐야."

순간 너무도 일찍 마셔버린 부끄러운 김칫국에 얼굴이 화끈해졌다.

물론 회사를 간다고 했을 때 거창한 것을 기대한 것은 아니었지만, 사람의 마음이 갈대라 했던가. 막상 일할 곳이 생기니 실망스러움을 느꼈다.

'그래도 내가 대학도 나오고 나이도 있는데 자원봉사를 할 수는 없지 않은가?'

'그만둔다고 하고 집에 가서 다시 구직 활동을 할까?'

많은 생각들이 머릿속을 휘감았지만 이내 마음을 다잡았다.

'그래, 어차피 구직 활동을 한다고 해도 잘 구해지지도 않을 거고, 여기서 자원봉사 활동을 하며 틈틈이 구직 활동을 하자.'

그날 이후 빳빳한 정장을 입고 매일 아침 회사 주변을 쓸기 시작했다. 비질이 거의 끝나갈 무렵이면 직원들이 하나둘 바쁜 걸음으로 출근길을 서둘렀다. 인사를 해도 잘 받아주질 않았다. 비질이 끝나고 나면 걸레를 깨끗이 빨아서 직원들의 책상을 하나하나 세심하게 닦기 시작했다.

'이 일은 분명 나중에 도움이 될 거야.'

'이건 분명 무슨 이유가 있어서 그럴 거야.'

라고 하며 무언가가 주어지게 되면 되도록 가치 있는 의미를 부여했다. 책상의 걸레질이 끝나면 구석에 복사기 옆에 앉아서 직원들이 업무하는 모습을 지켜보곤 했다.

"봉사활동 끝났으면, 돌아가셔도 돼요. 고생했어요."

눈에 거슬렸는지 복사기 옆 여직원은 나에게 말했다.

"네, 잘 알겠습니다. 근데 직원분들이 일하시는 게 궁금해서 여기 조금만 더 앉아서 구경 좀 하다가 가도 될까요?"

여직원은 이해가 안 된다는 표정으로

"네. 그럼 그렇게 하세요."

라고 말하고는 찬바람만 남기고 다시 모니터로 시선을 돌렸다. 그렇게 매일을 할 일 없이 앉아있던 어느 날부터 조금씩 사람들이 나라는 존재를 인식하기 시작했다.

"저, 미안한데 나 이거 복사 100장만."

"네, 알겠습니다!"

"여기 짐 좀 이 옆으로 옮겨 줄래요?"

"네, 알겠습니다."

얼마 후 나는 복사의 달인이 되어 있었고 없으면 불편할 만큼의 잔심부름꾼이 되어 가고 있었다. 겨우내 쌓였던 눈들이 그제야 맨 바닥을 서서히 드러내던 4개월이 지난 어느 날, 팀장이 심각한 표정으로 날 회의실로 불렀다. 회의실로 발걸음을 재촉하며 생각을 했다.

'무슨 이유로 부르지?'

'이제 그만 나오라는 이야기는 아니겠지?'

친해진 직원들과 야근을 하며 먹었던 저녁식사가 마음에 걸렸다.

'혹시 저녁밥을 먹어서 급량비가 빵꾸가 난 건가?'

짧은 순간에 별의별 생각이 스치고 지나갔다. 회의실 문을 열고 들어가니 고민에 찬 표정(훗날 의미를 알게 된 그 표정은 모든 사람들이 반대하는데 팀장만 내가 필요하다고 회의 시간에 열변을 토한 노력의 산물이었다. 이후 나의 모든 부분은 본인이 책임지겠다고 했다고 한다.)의 팀장이 의자에 앉으라 손짓을 하였다. 온 신경이 그의 입에 쏠렸다.

"너 사업 하나 맡아서 할래?"

"네? 무슨 사업이요?"

"그동안 네가 맡은 업무를 성실하게 한 것 같으니 우리 쪽에서도 너에게 사업을 하나 맡겨도 좋을 것 같다는 판단을 내렸어. 만약 네가 수락을 한다면 널 시간제 계약직으로 채용하려고 한다. 조건은 하루에 3시간씩 아침 9시부터 12시까지 일하고 퇴근하면 돼. 월급은 월 300,000원이 될 거야."

'300,000원.'

터무니없이 적은 금액이었다. 하지만 비로소 쓰임이 있는 사람이 되었음을 알려주는 선물과 같은 의미였다. 그 당시에도 터무니없이 적은 금액이긴 했지만 쓰임이 있는 사람이 되었다는 것도 나에게 큰 기쁨이었다. 나중에 이 월급은 상징적인 금액이 되었다. 이것이 나를 성장하게끔 하는 일이 되었고 앞으로도 이 일을 기억하여 항상 초심을 잃지 말자는 나와의 약속이 될 것이다.

"감사합니다. 열심히 하겠습니다."

팀장은 알 듯 말 듯한 표정으로,

"뭘 감사해. 그리고 열심히 하지 마, 30만 원어치만큼만 해."

라고 짧은 대답을 놓고는 회의실을 나갔다. 혼자, 덩그러니 놓인 나는 처음 회사에 들어와서부터의 일들을 하나씩 곱씹어 보았다. 대학 졸업을 축하한다며 부모님께서 거금을 들여서 사주신 정장을 입고 한손에는 철제 집게와 다른 한손에는 쓰레받기를 들고 쓰레기를 주웠던 모습, 대학 졸업식 날 정장과 함께 사주신 비싼 구두를 신고 쓰레기 분리수거를 하다가 음식물 쓰레기 속으로 발이 빠진

날……. 모든 순간들이 느린 영화 필름처럼 머릿속을 지나갔다.

'길긴 길었네. 그래도 많이 배웠어. 업무를 시작하게 되면 지금보다 더 많이 배울 수 있겠다. 조금 더 질기고 단단한 사람이 되어보자.'

스스로를 다시금 다잡았다. 창문을 통해 쏟아지는 볕이 굉장히 좋은 날이었다.

## 6) 날카로운 첫 강의의 추억 1

그렇게 30만 원의 월급으로 시작했던 직장에서 어느새 5년이 넘는 시간을 보내고 있던 어느 날이었다.

"오늘 오후까지 20XX년도 실적 보고를 지정된 엑셀 양식에 취합해서 보내주세요."

올해만 들어 벌써 몇 번째인지 모를 부탁을 가장한 통보였다. 그 언젠가 보내주었을 비슷한 양식의 엑셀을 보며 한숨을 쉬었다.

"저번에 이거랑 비슷한 내용 보내드리지 않았나요?"

"그거는 ○○에 보고용이고 이번은 △△에 보고할 거예요. 내용은 비슷하니까 저번 것 보고 수정 보완 작업하면 될 거예요. 오늘 오후입니다. 오늘 오후!"

'그럼 니가 해!!!! 인마!!!!'라고 속으로 외치고는 공손히

"알겠습니다."

라고 이야기하고는 전화를 끊었다.

"휴……."

'그래도 시키는 일이니까 해야지.'

시키는 일……. 십 수년째 이어온 "시키는 일"에 익숙해져 버릴 대로 익숙해진 내 모습을 보며 왠지 모를 답답함이 밀려 왔다.

순간 찰리 채플린의 '모던 타임즈'가 떠올랐다. 영화에는 수많은 톱니바퀴들이 연결되어 커다란 한 개의 공장을 운영하는 장면이 나온다. 톱니바퀴들은 무정한 듯 서로가 맞물려 돌아가고 있다. 그들은 전체를 위한 한 개였다. 내 자신이 무수히 많은 톱니바퀴 중 한 개 같다는 생각이 들었다.

소모품……. 나는 소모품이었다. 한 개의 큰 공장을 돌리기 위한 자그마한 소모품. 그 소모품이 수명을 다하고 고장이 나면 다른 부품으로 대체될 것이고 그 공장은 언제 그랬냐는 듯 다시 돌아갈 것이다. 고장 난 부품은 고쳐지지도 못한 채 저 멀리 안 보이는 곳으로 버려질 것이다.

선택을 해야 했다. 부속품이지만 대체 불가한 중요 부속품이 될 것인지 아니면 똑같은 부속품이 될 것인지를. 그리고 결심했다. 어차피 부속품이 될 것이면 중요한, 아주 중요한 부속품이 되기로. 그저 시키는 대로, 하라는 대로 움직이는 사람이 아닌, 할 일을 찾아

서 하고 스스로를 발전시킬 수 있는 사람이 되기로 했다. 그렇게 생각이 마무리되고 나자 제일 먼저 회사의 문서고로 향했다. 문서고에는 지금까지 진행됐던 사업들의 서류들이 사람 키 높이만큼 쌓여 있었다. 그 사업 결과 보고서들을 모두 책상으로 가져와서 내가 가장 잘할 수 있고 차별화될 수 있는 사업들을 생각하며 하나씩 읽어 내려갔다. 5년 치의 서류를 읽는 것은 적지 않은 시간이 소요됐다.

한참을 훑어보던 중 눈에 들어오는 한 권의 서류가 있었다. 청소년을 상대로 강의를 하는 프로그램의 결과 보고서였다. 강사를 섭외한 뒤 학교나 저소득층 청소년 기관으로 파견해주는 1년에 2번 진행되는 프로그램이었다. 회사는 말 그대로 계획서와 예산만 지원하는 프로그램이었다. 서류를 살펴보며 곰곰이 생각해보니 만약 내가 강사로 파견이 된다면 강사료를 절약할 수 있을 것이고, 1년에 2번이 아니라 매달, 매일 청소년에게 꿈과 희망을 줄 수 있는 프로그램을 진행한다면 일석이조일 것이라는 생각이 들었다. 게다가 내가 직접 청소년들을 만난다면 그들이 원하는 것이 무엇인지, 그들의 성향은 어떠한지 생생하게 느낄 수 있는 좋은 기회가 될 것이었다.

문제는 상사들을 설득시키는 것이었다. 회사 생활을 하면서 배운 것 중 하나는 조직, 아니 대부분의 상사는 일을 만들어 내거나 벌이는 것을 달갑지 않게 여긴다는 것이다. 그저 본인 재임 기간에 별 탈 없이 지나가기만을 바라며 어제와 같이 흘러가기를 바란다. 이것은 안정을 추구하는 인간의 욕구와 닮아 있다. 물론 그렇지 않은 사람도 있지만 말이다.

그들을 설득하기 위해서는 스스로 강사로서 자신이 있어야 한다고 생각했다. 그래서 강의와 관련 있는 자격증을 공부해서 취득했다. 퇴근 후에는 여러 강연들을 찾아다니며 듣고, 그곳에서 많은 강사들과 인적 네트워크를 구성했다. 그 당시 만났던 강사들은 아직도 나의 든든한 지원군이자 파트너다. 그리고 매일 청중 앞에서 강연하며 그 강연을 성공적으로 마치는 모습을 상상했다.

각 학교의 선생님들을 찾아다니며 청소년 운영 협의회를 구성했다. 프로그램의 취지에 그들은 흔쾌히 협의회에 가입을 해주어서 시(市) 안의 모든 학교들이 가입을 해주었다.

조금씩 모습이 갖추어지고 있었다. 다음은 홍보가 문제였다. 포스터를 제작하려고 하니 제작비용이 많이 들었다. 결국 스스로 만들기로 결심하고 그날로 디자인 학원에 등록을 했다. 밤낮없이 매달린 덕에 3개월이 지나자 제법 그럴듯한 포스터를 만들게 되었다. 이때 배워둔 디자인 공부는 두고두고 유용하게 쓰였다. 이 자그마한 일을 계기로 무엇을 배워두면 언젠가는 꼭 쓸모가 있다는 것을 깨달았다.

이렇게 우여곡절 끝에 포스터 디자인을 완성했다. 딱 백 장을 출력하였다. 어떻게든 백 장만큼 홍보를 하겠다고 결심했다. 그날 이후 퇴근만 하면 동네의 모든 아파트와 관공서를 돌아다니며 전단지를 붙였다. 하지만 사람들은 생각보다 내가 하는 일에 관심이 없었다. 아파트에 전단지를 붙일 때에는 관리소장에게 쫓겨나기도 수차례였고, 지나다니는 사람들에게 전단지를 배포한 이후에는 길거리에 버려진 전단지를 줍는 것도 여러 번이었다. 청소년들의 학교가 끝나는 시간에 학교 교문 앞에서 전단지를 돌리며 입이 귀에 걸리도록 미소를 지어 보였다. 그러한 홍보가 효과가 있었는지 놀랍게도 40명 모집에 70명이 모집이 되었다. 그제야 회사에서도 관심을 보이기 시작했다. 게다가 생각보다 많은 접수 인원에 1기와 2기로 나누어 진행하기로 했다. 어느 날은 지역 신문사의 기자에게서 전화가 와서 프로그램에 대한 취재를 하고 싶다고 했다. 프로그램의 시작은 방학 중 이틀을 정해서 시작하기로 했다. 강의 내용과 교재 제작에 심혈을 기울였다. 특히 프레젠테이션의 경우 청소년들에게 많은 즐거움과 교훈을 주기 위해 좋은 내용을 가감 없이 삽입하였다. 몇 번씩이나 검토하고 또 검토했다.

시간은 흘러 강의 당일이 되었다. 여러 보도 기관에서 취재를 나왔고 학부모들 또한 강의실 뒤를 꽉 메워주었다. 소식을 들은 각 학교의 선생님들 또한 자리를 채워주었다. 청소년들은 하나같이 들뜬 얼굴로 하나둘씩 강의실로 들어왔고 이윽고 강연장은 말 그대로 인산인해였다. 시작 시간인 2시가 되었다. 자신감에 차 있었고 상황들이 성공하리라는 확신을 보여주었다. 일생일대의 첫 강의가 그렇게 시작되고 있었다.

## 7) 날카로운 첫 강의의 추억 2

시작은 호기로웠다.

일생에 첫 강의를 위한 준비 단계를 마친 후엔 본 강의 준비에 최선을 다했다. 청소년 리더십에 어울릴 만한 재료를 수집하고 프레젠테이션을 만들어서 그들이 나의 강의에 매료되길 기대했다. 대상이 초등생이니만큼 재미있는 애니메이션 기법을 총동원하여 프레젠테이션을 준비하였다. 점점 자신감이 생기기 시작했다. 머릿속에서는 이미 완벽한 강의를 마치고 모든 사람들이 박수치는 장면을 상상하고 있었다. 이것이 나중에 나에게 독이 되리라는 것은 그때까맣게 모르고 있었다.

사업의 취지와 참가자들의 열의가 강의에 대한 관심을 최고조로 올려놓았다. 강의장은 왁자지껄한 분위기가 지속되었고 나는 강의

안과 강의 목차 등을 점검했다. 이윽고 강의 시간인 오후 2시가 되었다. 첫 강의가 시작이 되었다.

"안녕하세요. 여러분?"

인사에 모두가 답했다.

"안녕하세요!"

강사는 청중이 초롱초롱한 눈으로 자신을 바라보고 있을 때 희열을 느낀다.

"네. 여러분 저는 오늘 여러분들에게 리더십에 대해서 강의를 해드릴 거예요. 모두들 잘 따라올 수 있지요?"

"네!"

"좋습니다. 강의를 시작하겠습니다."

시작은 순조로웠다. 모두가 집중을 해주었고 경청을 해주었고 한목소리로 대답해주었다. 정확히 강의 시작 후 8분까지는…….

"자! 리더십이라는 것은 리더와 십, 즉 배라고 생각하면 됩니다. 우리는 한배를 탄 겁니다."

지금 생각해보면 손발이 오그라드는 멘트들을 어떻게 그렇게 뻔뻔하게 구사하였는지 의문이다. 이윽고 배 모양의 사진이 PPT에 나타났다. 밤새 준비한 화려한 애니메이션 기법들을 사용하여 PPT를 넘겼다. 하지만 청소년들에게 지루함을 주지 않기 위해 삽입한 애니메이션 효과는 익숙하지 않아 오히려 독이 되어 돌아왔다. 애니메이션 효과의 타이밍에 익숙지 않은 나는 말을 더듬기 시작했다.

"에…… 그러니까…… 그렇지. 이 부분입니다. 여러분."

"음…… 그래서 이렇게 되는 겁니다."

지루해진 수업은 아이들을 자리에 앉아 있지 못하게 만들었다.
목이 타는 나는 연신 물만 마셔대고 있다.

게다가 빽빽하게 채워 넣은 텍스트들은 지루함을 주기에 충분했다. 강의시작 8분 만에 한 친구가 손을 들었다.

"선생님!"

"어? 질문 있니?"

"선생님, 이거 언제 끝나요?"

그 한마디에 정신의 스위치가 저 멀리서부터 꺼져오는 것을 느꼈다.

"흠… 그건… 흠흠… 2시간 뒤에 끝나지."

"선생님, 그럼 축구하러 나가요."

그 한마디에 강의장은 술렁이기 시작했다. 한 사람의 요구는 곧 모두의 아우성으로 번졌다. 모두가 축구하러 가자며 외쳤다. 그래도 강의를 진행하려 프레젠테이션의 다음 페이지를 클릭했다. 그 순간 설상가상 빔 프로젝터 전원이 꺼졌다. 그리고 내 정신의 마지막 스위치도 함께 꺼졌다.

빔 프로젝터 전원과 함께 나의 정신도 나가 버렸다. 당황한 나의 표정이 보인다.

등에서는 식은땀 몇 줄기가 목덜미부터 등의 중간 지점까지 훑고 내려가는 느낌이 들었다. 저 멀리 한심한 듯이 쳐다보는 사람들의 시선이 느껴졌다. 취재하러 온 기자들, 참관하러 온 학부모와 교사들, 그 옆에 동료들의 안타까워하는 눈빛이 동시에 들어왔다. 순간 하지 말아야 할 말이 입에서 흘러나오는 것을 미처 막지도 못했다.

"강의는 여기까지입니다. 여러분 나가서 노세요."

자포자기해버렸다.

청소년들은 '앗싸!' 소리와 함께 뛰어 나갔다. 모두의 눈이 똥그래졌다. 영화 식스센스 못지않은 종료에 담당 선생님들은 당황하여 이리저리 뛰는 청소년들을 인솔하기에 바빴고 강의 시작 15분 만에 생수 2병의 마지막을 비워냈다. 다리는 후들거리고 두 손에서는 땀이 송골송골 맺혀 하마터면 포인터가 떨어질 뻔했다. 노트북 화면에서는 닉 부이치치가 희망을 잃지 말라고 열변을 토하고 있었다. 첫 강의는 그렇게 의도와 정반대로 흘러갔다.

회사에서는 난리가 났다. 아닌 게 아니라 학교 선생님, 학부모와 기자들을 모아놓고 강의를 그렇게 끝내 버렸으니 기관장의 체면도 말이 아니었다.

조금 전의 강의장의 책상들은 신속히 디귿(ㄷ) 자로 배치되었고 어느새 그 중간에 내가 앉아있었다. 그리고 조금 전 강의 PPT가 나오던 빔 프로젝트 스크린에서는 나의 모습이 재방송으로 땀을 또 흘리고 있었다. 쥐구멍이라도 있으면 들어가고 싶었다.

"말 좀 해보세요. 이 상황을 어떻게 할 겁니까?"

"그렇게 못할 거면 하지나 말든가 이게 무슨 X망신입니까?"

"경위서 쓰세요. 경위서. 내일 오전 중으로 제출하세요. 원 창피해서…."

그렇다. X망신이었다. 시간을 되돌릴 수 있다면 경위서를 1,000장이라도 쓰고 싶었다. 길거리에서 벌거벗겨진 느낌이었다. 그러게 왜 강사를 한다고 들쑤시고 다녔는지 예전의 내 행동까지 모두 잘못된 행동으로 느껴졌다.

그날 밤, 낮의 일에 대해 전화 통화로 동생에게 털어 놓았다. 한참을 듣고 있던 동생이 툭 던진 말이 지금까지도 잊히지 않는다.

"어쨌든 한번 해보기는 한 거 아니야? 그럼 나중에라도 할 말은 있겠네. 난 또 큰일이라고. 끊어, 나 바빠."

한동안은 강의에 대한 두려움이 생겨서 다시는 강단에 설 용기가 나지 않을 것 같았다. 그러나 시간이 지나면서 부끄러움과 함께 자신에 대해 화가 났고 인정하고 싶지 않은 마음이 들었다. 그때 동생이 했던 말이 떠올랐다. 부끄러웠지만, 실패했지만 이대로 받아들이고 낙담해버리면 끝인 것이고 진정 내가 해야 할 일은 원인을 파악하고 다시 한 번 수정해서 도전하는 것이라는 생각이 들었다.

전화를 끊고 난 후 곰곰이 생각해보니 큰 경험을 한 것이라는 생각이 들었다. 다음 번 강의에는(만약 다음이라는 것이 있다면) 다른 내용으로 더 재밌는 구성을 해서 청소년들에게 강의를 할 수 있는 것이고 나를 두 번 죽였던 평가회에서는 다시 실수하지 말아야겠다는 굳은 다짐을 갖게 해주었다.

달리 생각했더니 좋은 점들이 보이기 시작했다. 결국 같은 일에 대해서 자신이 어떻게 받아들이느냐에 따라서 스스로를 발전시키는 발판으로 삼을 수도 있고 끝없이 추락시킬 수도 있음을 알게 되었다.

물론 잘하기 위해선 더 많은 시간이 필요했고 지금도 긴장되고 떨리긴 마찬가지지만 매번 나아지고 있다.

## 8) 이상적인 상사를 만나 회사를 그만두었다

"된다, 된다, 된다. 세 번이면 뭐든지 잘 되게 되어있어. 뭐든지 된다고 생각해. 업무하면서 새로운 것에 도전하고 싶다면 마음껏 도전해. 책임은 내가 질 테니까. 야! 팀장이 뭐하는 사람이냐? 직원들 잘못하면 대신 잘못했다 하고 팀원들 술값 내는 게 팀장 아니냐? 직급 높은 사람들 월급을 더 많이 주는 건 그런 이유야. 그러니까 네가 하고 싶은 거 해."

화창한 봄 점심시간, 팀장은 고춧가루가 낀 허연 이를 드러내며 씩 웃고는 다시 얼큰한 칼국수로 얼굴을 담갔다.

3년여의 무급과 계약직 생활 끝에 정직원이 된 어느 날 팀장이

건넨 말이다. 그는 나에게 직장 생활과 인생의 등대 같은 존재다.

그와의 만남은 책의 처음에 언급했던 2008년으로 거슬러 올라간다. 여느 때와 다름없이 집에서 뒹굴뒹굴 할 일 없이 백수 생활을 하고 있을 때였다. 매일 버릇처럼 접속을 하던 구직 사이트에서 때마침 근처 청소년수련관에서 영어강사를 구한다는 말을 듣고 지원했고 어렵사리 아르바이트 자리를 구할 수 있었다.

그곳에서 그를 만났다. 그의 첫인상은 산(山)이었다. 185cm는 족히 넘는 키에 운동선수 출신 때문인지 체격 또한 거대했다. 정수리는 탈모로 인하여 새 둥지 같았고 말소리는 기차 화통을 삶아 먹은 듯했다. 모든 행동에 거침이 없는 스타일이었다.

그는 항상 시끄럽고 분주했고 함께 있으면 마치 시끄러운 시장에 있는 것 같았다. 같이 있던 8년 동안 조용한 말투를 들어본 적이 없다. 큰 덩치와 어울리지 않게 업무 스타일은 누구보다도 세밀하고 철저했다. 자신의 팀원들을 먼저 챙기는 성격 때문에 그를 시기하고 질투하는 사람 또한 많았다. 그런 그와 어울리고 가까이 지냈으니 그런 시기와 질투는 고스란히 나의 몫이 될 때가 많았다. 그의 성격은 자연스레 롤모델이 되었고 그를 닮기 위해 노력했다.

'그 누군가가 되고 싶다면, 그와 같이 입고, 행동하고, 말하고, 생각하라.'

사람을 먼저 챙기는 사람이 되고 싶었고 동료들과의 협동을 중요하게 생각했다.

그는 뛰어난 성과는 항상 직원들에게 돌렸고 누구보다도 힘찬 박수를 보내주었으며, 우리에게 오늘만을 사는 기분으로 열심히 살기를 바랐다. 직원 각각의 성격과 특성을 고려해 업무와 연결했고 자신의 특성에 맞는 업무를 진행하는 직원들은 그 어느 때보다도 즐겁고 뛰어난 성과를 거두었다.

그러던 어느 날 아침 나를 회의실로 호출한 그는 나에게 뜬금없이 레크리에이션 연수를 다녀오라고 했다.

"예? 레크리에이션이요? 저는 레크리에이션에 관심이 없는데요."

"그냥 속는 셈 치고 배워봐. 언젠가 도움이 되겠지."

그날 이후 나는 떠밀리듯 자격증 코스 반에 등록을 했다. 일주일간 모르는 사람들과 손을 붙잡고 스포츠댄스를 췄고 툭 치면 337박수가 나올 정도로 교육을 받았다. 군대가 따로 없었다. 일주일이 지나고 교육이 끝났을 땐 더 이상 나의 목소리가 나오질 않았다.

"예???!!! 축제 사회를요?"

일주일 후 회사로 복귀한 뒤 그는 모니터에서 시선을 떼지 않은 채 말을 이어갔다.

"그래, 다음 주에 열릴 축제에서 네가 사회를 좀 봐줘야겠다. 사람들이 그렇게 많이 오지 않으니까 부담 없이 하면 될 거야."

"하지만 저는 사회를 본 적이 없는데요?"

"이제 할 거잖아. 김제동은 처음이 없었겠어?"

나는 들리지 않는 한숨을 길게 내뱉으며 물었다.

"몇 명이나 오는데요?"

"얼마 안 돼. 한 1,500명쯤?"

"예???!!!"

"아, 그리고 니가 사회 한다고 명단에 넣어서 결재 났어. 열심히 해봐."

씨익 웃는 모습이 사악해보였다. 살면서 사회를 본 적이 없는데 하물며 1,000명이 넘는 사람들 앞에서 사회를 볼 생각을 하니 벌써부터 정신이 까마득해졌다. 너무 스트레스 받은 나머지 한번은 한밤중에 자다가 "여러분!!!!"이라고 외치는 바람에 집안 온 식구가 깨어나기도 했다.

많은 사람이 나만을 쳐다보는 것만큼 긴장되는 것은 없다. 하물며 전문 사회자 다음 순서였다.

오지 않았으면 하는 시간은 왜 이리 빨리 오는지. 행사 당일은 뜬눈으로 밤을 새웠다. 방 창문이 검정에서 어렴풋한 하늘색으로 바뀌어가고 있었다. 시계를 보니 새벽 5시다. 결국 한숨도 못 잔 채 집을 나섰다.

말쑥하게 정장을 차려입고 떠밀리듯 집에서 나와 행사장으로 향하는 발걸음은 평소보다 무겁게 느껴졌다. 비가 폭풍같이 쏟아져서 행사가 취소되기를 바랐지만 그러기엔 날씨가 너무 화창했고 "지금까지 몰래카메라였습니다!"라고 누군가가 큰 소리로 이야기해주었으면 좋겠지만 그러기에는 도로 곳곳에 행사를 알리는 현수막들이 즐비하게 걸려 있었다.

시간은 속절없이 흘렀고 전문 사회자의 행사 시작을 알리는 소리와 함께 천여 명의 관객은 박수와 함성을 질렀다. 함성 소리는 나에게 마치 천둥과 같이 들렸다.

1부가 막을 내릴 때 즈음 사회자가 2부의 사회자인 나를 소개했다.

"네. 저는 여기서 인사를 드리겠습니다. 2부에는 더욱 재밌는 사회자가 무대를 대신해 줄 겁니다. 지금까지 ×××였습니다. 감사합니다!"

'더욱 재밌다고 하지 마!'

속으로 외쳤다. 그 말 한마디가 긴장된 마음을 짓눌렀다.

흥겨운 퇴장 음악 소리와 함께 재촉하는 스태프의 손짓이 눈에 들어왔다. 나는 떠밀리듯 무대로 나갔다.

활기차게 인사를 하려고 입을 뗀 순간 내 입에서는 마음속에서 수만 번은 되풀이되고 있었던 말이 튀어나왔다.

"된다! 된다! 된다!"

수없이 속으로 되풀이하고 있었던 각오가 하필 입 밖으로 튀어나왔다. 순간 조용한 정적이 흘렀고 나의 두 눈은 수천 개의 눈들을 피해 이리저리 방황하기 시작했다. 머릿속이 점점 하얗게 되며 수

천 개의 눈동자들은 화살이 되어 나에게 꽂혔다. 큐시트를 들고 있다는 사실조차 잊은 나는 마이크를 들고 멍하니 서있었다. 반면에 두 다리는 정장 바지 안에서 미친 듯이 떨리고 있었다. 떨리는 두 다리를 잡기 위해 있는 힘껏 힘을 줬음에도 불구하고 그럴수록 두 다리는 진동 벨이 울리듯 더욱 떨렸다. 수천 개의 눈들은 의아한 표정으로 나를 쳐다보기 시작했다. 몇 초의 시간이 영원처럼 느껴졌다. 무대 옆쪽에서 스태프가 허공에 손을 돌리며 빨리 진행하라고 보내는 신호가 보였다.

그 순간 언젠가 김제동이 방송에서 한 말이 생각이 스쳐갔다.

"긴장되고 떨릴 때에는 나를 가장 사랑스럽게 쳐다보는 사람. 그 사람을 보고, 의식하며 말씀해보세요. 그러면 떨림이 멈출 겁니다."

생각이 스치자마자 두 눈은 그런 눈빛의 관객을 찾아 미친 듯이 헤맸고 마침내 한 사람을 찾아냈다. 다른 사람보다 머리 한 개만큼 키가 삐쭉 나온 사람을 발견했다.

팀장이었다. 나를 지금 이 무대까지 올려놓은 그 팀장이었다. 나를 사랑스럽게 쳐다보는 것은 아니었지만 이상하게 화가 나기보다는 외국에서 한국 사람을 만난 기분이었다. 나와 눈이 마주친 그는 머리 위로 엄지를 들어 올리며 싱긋 웃었고 그 순간 나는 이상하리만큼 떨림이 멈추고 그제야 큐시트가 내 손에 들려 있는 것을 알아차렸다. 큐시트에는 '[첫 인사] 안녕하십니까!(활기차게)'라고 적혀 있었고 나는 큐시트에 따라 인사를 했다.

"안녕하십니까!"

관객들이 인사로 화답을 해주었고 그제야 그들과 눈을 마주칠 수 있었다.

예정된 2시간의 시간이 지나고 끝인사와 함께 무대 뒤로 퇴장했다. 뒤로 돌아오자마자 두 다리에 경련이 일어나며 그 자리에서 털썩 쓰러졌다. 모든 스태프들은 행사의 마무리에 신경을 쓰느라 내가 쓰러진 것을 아무도 몰랐다. 나는 쓰러져서 경련이 일어나고 있는 두 다리를 주물렀다. 그런데 어디선가 불쑥 나타난 손이 거칠게 두 다리를 주무르기 시작했다. 주무른다기보다는 잡고서 쥐어짜듯 했다. 고개를 들어보니 그 팀장이다. 그는 해맑게 웃으며 이야기했다.

"어때? 기분 죽이지?"

그랬다. 끝나고 나니 끈질긴 연습과 가슴이 터질 것 같은 긴장의 시간은 이미 저 멀리 과거가 되어있었고 나는 그 과거를 이긴 사람이 되었다. 오로지 무언가를 해냈다는 성취감과 안도감만이 온몸을 감쌌다. 그렇게 또 한 번의 경험과 성장을 해냈다. 그 팀장이 밉지가 않았다.

## 9) 주머니 속 보증 수표

"회사를 그만두겠습니다."

오랫동안 상상만 했었던 그 말을 입 밖으로 내보내고 나서는 왠지 모를 후련함이 밀려왔다. 사무실 자리로 돌아와 8년 동안 정들었던 내 자리를 둘러봤다. 책상의 왼쪽에는 서류가 수북이 쌓여있었고 오른쪽에는 그동안 써왔던 다이어리가 연도별로 꽂혀 있었다. 파티션에는 행사마다 직원들과 찍었던 사진들이 붙어있었다. 모두 환하게 웃는 사진들이었다. 그동안 미운 정 고운 정 다 들어버린 동료들이다.

컴퓨터를 켜고 D드라이브 속 한 번도 열지 않은 폴더를 클릭해서 열었다. 언젠가 내가 일을 그만두는 날 처음이자 마지막으로 열겠다고 스스로 약속한 폴더다. 그동안 수없이 그 폴더를 열까 말까 사이에서 고민을 했었다. 오늘 결국 그 폴더를 열었다.

폴더 안에는 '사직서'라는 한글파일 한 개만 있다. 그 파일을 열고는 맨 위에서부터 천천히 빈칸들을 채워가기 시작했다. 성명, 소속, 입사일, 퇴사일……. 마지막 '사직 사유' 기입 칸에서 커서는 깜박깜박 멈추어 있었다.

'사직 사유라…….'

지난 8년의 시간들이 영화의 필름처럼 지나갔다. 동료들과 함께 머리를 맞대고 밤새 행사를 준비하던 일, 1분 지각에 노발대발하며 집에 가라고 소리치던 팀장에 맞서서 "조금만 있다가 가겠습니다!"라고 대들며 객기를 부리던 신입 사원 시절, 퇴근 후 지친 몸을 이끌고 대포 한잔에 풀어내던 이야기들. 이 도든 것들이 눈앞에서 지나갔다. 한참을 생각하다가 빈칸을 채워 넣었다.

'개인 사유'

8년간의 회사생활의 마무리는 딱 네 글자로 귀결되었다. 회사를 위해서 지난 수년간 부단히도 노력을 했던 기억들이 주마등처럼 머리를 스쳐지나갔다. 퇴직을 결심한 일 년 전, 내 자신 스스로가 준비가 되면 오랫동안 속에서 맴돌았던 그 말을 하고자 했다. 그날이 바로 오늘이었다. 나의 퇴직 소식을 듣고 수년 동안 내 옆에서 나를 지켜봐온 지인들이 모두 찾아와 한마디씩 건네며 태풍 앞의 나무마냥 내 마음을 이리저리 흔들어 놓았다.

"지금 시대가 어떤 시대인데 정직원 자리를 마다하고 나가니?"

"너 어디 가서도 그 정도 급여와 대우 못 받는다. 다시 생각해보고 계속 다닌다고 해라."

"직장을 다니면서도 너의 꿈을 키워나갈 수 있잖니?"

회사에 계속 남아있고 싶은 마음이 없었던 것은 아니었다. 입사 후 10년 동안 월급을 받았지만 늘 마이너스 잔고였기에 빚을 갚아가며 삶을 유지시켜줄 수 있는 산소호흡기와 같은 회사를 그만둔다는 것은 쉽지 않았다. 하지만 더 이상 소통이 되지 않는 조직과 나의 인생을 살고 싶은 갈망은 점점 나의 마음을 기울게 했다.

인생은 불편함과 고독의 연속이다. 이것으로 인해 비로소 자기 자신에 대해 다시 생각해 볼 수 있는 계기가 생긴다. 내 자신이 자신에 대한 불편한 진실과 마주해야 진리를 얻을 수 있다. 진실함은 불편하다. 기존에 내가 가지고 있던 생각과 사고가 깨지는 것이다. 그리고 또 하나, 고독은 나를 위험한 상황에 놓아두어야 얻을 수 있다. 철저하게 고독해야 내 자신 깊숙한 내면과 마주할 수 있다.

질문을 받은 수의 곱절도 더 내 자신에게 질문을 던졌다. 그러나 어지러운 생각 끝에 나오는 답은 항상 같았다. 나의 불편함과 고독에 회사가 걸림돌이 된다면, 이유는 충분하다고 스스로 이야기했다.

오늘의 내 나이 서른다섯. 나는 지금 인생의 전환점에 서 있다.

즉 내 인생 변화의 시기다. 만약 이 기회를 넘지 못하고 처음으로 돌아간다면 앞으로 남은 40년을 후회할 것이라 생각한다. 미칠 듯이 외롭고 힘든 순간은 언제든지 날 찾아올 수 있게 바싹 붙어서 나의 정신이 나약해지기만을 기다리며 잔인한 눈빛으로 날 항상 응시하고 있다.

청춘들은 어리숙하게 남의 눈치를 살피며 살아서는 안 되지만 그렇다고 나의 방식을 남에게 고집할 필요도 없다. 남들은 그들 나름대로의 방식대로 살게 놔두면 된다. 나는 나대로의 삶의 방식으로 살면 된다. 단, 목표만큼은 명확하게 정하고 행(行)하기를 바란다.

어느 날 강연을 하며 청소년들에게 물었다.

"앞으로 살면서 금전적으로 얼마를 벌어야 행복할 것 같니?"

"10억이요."

청소년들이 일제히 그것밖에 못 벌어서 어떻게 할 거냐며 야유하는 소리가 들린다.

"그래, 그럼 10억을 벌기 위해 넌 어떻게 할 거니?"

"일단 공부를 열심히 해서 좋은 대학에 들어갈 겁니다."

"그래, 그 다음은?"

"네. 그 다음은 대기업에 취직을 할 겁니다."

"그렇게 하면 10억이라는 돈을 벌 수 있니?"

이내 그 친구는 조용해진다. 만약 여러분들이 10억을 벌고 싶다면 그에 맞는 목표를 세우고 하루하루를 채워나가야 한다. 일상의 모든 초점이 그 목표에 집중이 되어야 한다. 목표로 가는 여정의 나태함은 무서운 적이다. 인생이라는 긴 마라톤을 힘들다고 멈추거나 돌아갈 수는 없는 것이다. 망설이고 주저하는 순간도 시간은 야속하게 째깍째깍 흘러간다. 내가 얻고 싶은 것만큼 세상은 주려고 하지 않는다.

"다른 곳은 정해 놓고 가는 거지?"

"아니오. 이직하려는 직장은 없습니다."

"에이……. 그래도……. 설마."

"후회 안 하겠어?"

후회……. 내가 되묻고 싶었다. 혹시 당신은 후회할 것이 두려워 결정을 못하는 자신이 더 후회스럽지 않냐고. 오히려 직장 생활을 했던 시절이 나에겐 오히려 더 불행했다고 생각한다. 이제 난 이른 서른다섯의 나이에 '나'를 찾으러 가는 긴 여행을 막 시작하려는 시점이다.

> 나는 농구 생활을 통틀어 9,000개 이상의 슛을 실패했고
> 거의 3,000게임에서 패배했다.
> 그 가운데 스물여섯 번은 다 이긴 게임에서
> 마지막 슛의 실패로 졌다.
> 나는 살아가면서 수많은 실패를 거듭했다.
> 바로 그것이 내가 성공할 수 있었던 이유이다.
>
> – 마이클 조던(Michael Jordan) –

내가 제일 좋아하는 말이다. 농구 황제 마이클 조던도 수많은 실패의 과정을 거쳐 정상에 올랐다. 인터넷에는 그의 현역 시절 화려한 동영상이 수도 없이 올라와 있다. 실패에 대한 동영상은 없다. 세상은 1등만을 기억하고 1등의 영광의 그림자만을 좇고 1등의 결과가 곧 성공의 법칙이 된다. 2등의 결과는 곧 사라지고 만다.

우리는 "실패"라는 가면을 쓴 "성공으로 가는 과정"을 통해서 성장하고 단단해진다. 그러한 과정들이 모여 "나"라는 멋진 사람을 만들고 있다. 인생은 나를 만들어가는 작품의 제작 과정이다. 수많은 사람들이 과정을 통해 좌절하고 다시 일어서며 오류를 배우고 다른 길을 모색하며 자신을 단단하게 만든다. 1등과 2등의 차이가 아니다. 직장을 떠난다는 것은 큰 결심이다. 그리고 그 결심의 결론은 힘들고 외롭다. 경제적인 압박이 시작될 것이고 앞으로 내 인생 설계 도면을 내가 온전히 그려야 한다는 점이 굉장한 부담감으로 다가올 것이다.

언젠가 중소기업에 면접을 본 날이었다. 그 회사는 중소기업 중에서도 자그마한 회사였다. 면접이 끝날 무렵 면접관이 나에게 물었다.

"사실 저희 회사가 지금 굉장히 어려운 상황입니다. 오시면 많은 양의 업무가 부여될 겁니다. 근무 환경도 그리 좋지 못합니다. 그리고 경쟁 업체에 밀려서 지금은 매출이 바닥을 벗어나지 못하고 있는 실정입니다. 그래도 오시겠습니까?"

잠시 생각한 뒤 입을 뗐다.

"면접관님, 말씀하신 것을 바꿔 생각하면 더 내려갈 여지는 적은 것이고 올라갈 기회가 앞으로 더 많다고 봐도 되지 않을까요?"

그 순간 면접관의 옅은 미소를 본 듯했다. 가능성이 낮다는 것은 그만큼 그 분야에서 최고에 도달한 사람이 적다는 뜻이다. 그리고 도달했을 때에는 다른 경쟁자가 없다는 뜻이기도 하다.

퇴사를 며칠 앞둔 유난히 추운 날씨의 어느 날이었다. 업무 인수인계와 관련된 업무를 마치고 점심을 먹으러 나가려고 입고 있던 두툼한 외투의 주머니에 두 손을 찔러 넣고는 휘저어보았다. 까슬하게 걸리는 한두 장의 종이 느낌이 손끝을 타고 올라왔다. 나는 그 종이를 꺼내어 내 눈앞에 놓았다. 천 원짜리 두 장의 모습이 구겨진 채로 보였다.

'이천 원…….'

그 돈이 마치 내 인생의 보증수표처럼 보였다. 그리고 왠지 이제 시작이라는 생각에 괜스레 마음이 설레기 시작했다. 그리고 마음속으로 외쳤다.

'그래! 이제부터 진짜 시작이다! 멋지게 한번 내 인생을 그려보자!'

지금의 난……. 내 인생의 경영권을 내가 움켜쥐었다는 것 그 자체로 굉장히 흥분되고 즐겁다.

## 10) 초일류 기업 도전기 1 – 18개월 도전의 시작

스물일곱 살, 한 기업에 취업하고자 도전한 적이 있다. 그 당시 나는 '스펙'이라는 것이 매우 좋지 않았다. 사람을 자격 요건에 따라 재단한다는 것이 썩 마음에 들지는 않지만 그놈의 스펙이 좋지 않아 백여 번에 가까운 입사지원에도 취업의 바늘구멍을 뚫지 못했기에 꽤 오랫동안 백수였다.

그러던 어느 날, 퇴근하고 집에 돌아오신 아버지가 동네에 유명한 가방 공장이 하나 있으니 이력서를 한번 넣어 보라고 하셨다. '공장'이라는 두 단어에 머릿속에서는 바쁜 기계 옆에서 일렬로 앉아서 가방을 만드는 내 모습이 상상되었다. 그것을 상상하고 나니 기분이 좋지 않았다.

무시당한 기분이 든 나는 아버지께 웬 공장이냐며 신경질적으로 대답했다.

“아버지, 그래도 공장이 뭐예요. 저는 나중에 더 좋은 회사에 취직하겠습니다.”

“언제까지 백수 생활 할 거냐. 이제 너도 취업을 해야지. 정신 좀 차려라.”

아버지의 다그침이 섞인 잔소리를 들으니 더욱 오기가 나서 말씀드렸다.

“아버지, 저는 더 좋은 회사 들어갈 겁니다. 제가 알아서 할게요.”

아버지의 한숨을 뒤로하고 방문을 신경질적으로 닫으며 방으로 들어갔다. 그러고는 다시 컴퓨터 게임을 켰다.

며칠 뒤, 친구들과의 약속이 생겨 시내로 가는 버스 안이었다. 버스가 출발하고 두어 정거장이 지날 즈음이었다. 창밖에 시선을 던져두고 멍하니 있는데 길 건너 모양새가 독특한, 그리고 세련된 건물이 하나 보였다. 십 수년을 한곳에 살았어도 처음 보는 건물이었다. 새삼 나의 무심함에 놀랐다. 나중에 찾아보리라 생각하면서 핸드폰을 꺼내어 사진을 찍어 두고는 다시 창밖으로 시선을 고정시켰다.

그 날도 술자리는 새벽까지 이어졌다. 다음 날 깨질 것 같은 두통이 있을 때쯤이면 ‘오늘은 절대로 술을 먹지 말아야지.’라고 굳은 결심을 하지만 오후 4시가 되면 숙취가 없어지고 다시 핸드폰을 붙잡고 같이 놀 친구들을 구하곤 했다.

점심에 일어나 저녁 어스름이 다가올 때까지 여느 때와 같이 컴퓨터 게임에 매진하고 있던 중 불현듯 어제 버스 안에서 본 회사가 궁금해졌다. 기억이 난다는 것이 신기했다.

'무슨 회사길래 이런 촌 동네에 그렇게 세련되게 지었지?'

하는 생각과 함께 핸드폰을 꺼내어 어제 버스를 타고 지나가며 찍어 두었던 사진을 열고는 검색을 했다. 독특한 배경화면과 함께 화면 가득 이름만 대면 알 만한 핸드백들이 빼곡히 자리를 잡고 있었다. 순간 아버지가 말씀하신 한마디가 머릿속을 스쳤다.

"가방 공장에 이력서라도 내봐라."

'가방 공장, 가방 공장, 가방 공장. 아! 이 회사구나!'

단숨에 아버지가 말씀하셨던 그곳이 이곳임을 알아차렸다. 회사 홈페이지를 천천히 보던 중 채용공고의 게시판을 들어가 보았다. 우연찮게도 채용공고에는 '해외영업팀 직원 구인'이라는 글이 게시되어 있었다. 올라온 지 얼마 안 된 게시글이었다. 게시글을 클릭하고는 채용 공고의 내용을 천천히 훑어보기 시작했다.

'해외영업팀 사원 모집, 영어 가능자, 업무 특성상 해외 출장이 잦음.'

해외 출장이 잦다는 말에 이미 머릿속에서는 선글라스를 쓰고 해외 출장 중 바이어들과 악수를 하는 내 모습을 상상하고 있었다.

'그래! 이곳에 지원해보자!'

길게 생각하지도 않았다. 정확히 무엇을 해야 하는 업무인지 따져보지도 않았다. 오래전 다운받아 놓았던 이력서 양식을 열어 빈칸들을 채워 넣고는 마감시간이 거의 다 돼서야 제출할 수 있었다. 며칠 뒤 '귀하의 뛰어난 역량은 충분하나…'로 시작하는 문자를 받고는 탈락했다. 준비도 안 돼 있는 나에게 탈락은 당연한 결과였다.

그날 이후 왠지 모를 오기가 생겼다. 근성을 증명해 보이고 싶었다. 그래서 끝까지 도전해보기로 했다. 그래서 몇 가지 규칙을 정하여 실행했다.

첫째, 주기적으로 이력서 내용을 업데이트시켜 놓았다. 취득한 자격증이나 도움 될 이야기들을 이력서 최근 취득한 순으로 명시해 놓고 모든 자격증은 스캔하여 사본들을 미리 준비해 놓았다. 지금이야 내 머릿속에 언제까지고 있을 것 같다 생각하지만 당장 내일이 되면 잊어버리기 마련이다.

둘째, 지인을 활용했다. 이 부분의 경우 취업준비생들은(물론 나의 경우도 마찬가지이지만) 회사를 찾아볼 때 제일 먼저 보는 것이 연봉일 것이다. 초봉이 1,800만 원인지 2,400만 원인지, 주 5일제인지, 복리후생은 어떤지를 볼 것이다. 사실 그런 것은 취업을 한 후에 걱정해도 된다. 어차피 거기서 거기다. 초반에 남들보다 1,000~2,000만 원 정도 더 받는다고 해서 인생 자체가 달라지진 않는다. 나는 주위 사람들을 통해 회사의 분위기나 도움 될 만한 정보들을 얻었다. 해당 직장에서 근무하는 사람으로부터 직접 이야기를 듣는 것이 가장 정확한 정보일 테니까.

셋째, 나는 한 번의 낙방 뒤, 그 다음 날부터는 인터넷 접속 시 뜨는 창을 그 회사의 홈페이지로 수정하였다. 사실 채용 공고는 아차 하는 순간에 떴다가 내려갈 수가 있기 때문이다. 원하는 직장이 있다면 매일매일 확인해야 한다.

넷째, 시선이 머무는 곳마다 그 회사의 사진을 붙여 놓았다. 내 방, 화장실, 식탁 등 그 당시 집안 곳곳은 사진으로 도배되다시피 했다. 나는 지금도 원하는 목표가 생기면 사진을 출력해서 붙이거나 지갑에 넣어서 가지고 다니며 매일 보곤 한다. 마음속 목표를 눈에 보이는 목표로 바꾸면 조금 더 확실하고 빠르게 목표에 도달할 수 있다는 것을 믿는다. 그리고, 내가 그 자리에 있는 상상을 매일같이 반복한다.

다섯째, 끊임없이 연습했다. 취업을 준비하며 전신 거울과 등받이가 없는 간이의자를 구입했다. 그리고 옷장에서 정장 상의만 꺼내어 방문 고리에 걸어 두었다. 매일 아침 눈뜨자마자, 머리는 까치집을 짓고 눈곱을 떼지도 않은 채 정장 상의를 걸쳐 입고 전신 거울 앞에 앉고는 자기소개와 예상 질문에 대한 답변을 수없이 반복했다. 물론 한국어와 영어 두 가지 버전으로. 자다가 툭 치면 대답이 나올 정도로 연습했다. 그것이 아무것도 내세울 것 없는 내가 할 수 있는 최선의 노력이라 생각했다. 연습을 실전처럼 해야 실전을 연습처럼 할 수 있다.

결국 두 번째 면접에서는 서류 심사를 통과했고 면접까지 보게 되었다. 면접장에서는 숨 막히는 긴장감이 흘렀다. 누군가 헛기침이라도 할라치면 긴장의 끈이 점점 조여져왔다. 나름 철저히 준비를 한다고 했지만 나는 또 다시 낙방하고 말았다.

그렇게 1년 6개월의 시간이 흘렀다. 채용공고는 6개월에 한 번 꼴로 올라왔다. 그렇게 3번의 도전 끝에 나는 결국 최종 면접까지 오르게 되었다. 인생에 그토록 끈질겼던 날이 있었나 싶다.

## 11) 초일류 기업 도전기 2 - 면접의 추억

면접 날 아침이 밝았다. 30분 전에 도착하기 위해 칼주름이 잡힌 정장의 옷매무새를 정돈하고는 깨끗이 닦아 두었던 광나는 구두를 신고 집을 나와 서둘러 회사로 향했다. 회사가 다가올수록 점점 가슴은 빨리 뛰기 시작했다. 회사 앞에 도착하니 버스를 타고 지나치며 보았던 장면이 눈앞에 펼쳐졌다.

그 회사는 멀리서 보기에도 멋진 외관을 자랑했다.

문을 들어섰을 때 세련되고 웅장한 외관에 압도되어서 묘한 긴장과 흥분을 느꼈다.

떨리는 마음을 안고 면접 장소에 도착하니 이미 그곳에는 70~80

여 명의 지원자가 모여 있었다. 하나같이 새카만 검은 정장을 입고 손에는 A4 종이를 든 채 중얼거리며 면접을 준비하고 있었다. 하나같이 굳은 표정의 모습이었다. 나는 덩달아 심장이 빨리 뛰기 시작했다.

1시간여의 대기시간이 지났을 때 세 명의 이름이 호명이 되었고 나와 같은 모둠이 된 사람들과 함께 면접장으로 향했다. 문 앞에 서서 크게 심호흡을 한 뒤 면접장의 문을 열었다.

면접장에는 총 4명의 면접관이 앉아 있었다. 모두 날카로운 눈빛으로 책상 위에 놓여있는 입사 지원서를 유심히 쳐다보고 있었다. 그 모습을 보니 더욱 긴장됐다. 나는 3명 중 맨 왼쪽에 자리를 배정받은 뒤 자리에 앉았다.

이윽고 면접이 시작됐다.

"먼저 오른쪽 지원자부터 자기소개 부탁합니다."

맨 오른쪽 지원자부터 자기소개를 시작했다.

"저는 ○○대학교를 졸업하고……."

'응? 우리나라 최고의 대학을 졸업했다고?'

최고의 대학을 나온 면접자는 자기소개 또한 멋지고 깔끔하게 해냈다. 자기소개를 마친 뒤 다음 중간에 있는 면접자가 이어갔다.

"안녕하십니까! 저는 ○○대학교 ○○학과를 졸업한 ○○○입니다!"

'응? 저 대학은 친척 누나가 그렇게 들어가고 싶어서 3수 끝에

입학한 대학인데?'

점점 초조해지기 시작했다. 대학 입학과 졸업을 간신히 해낸 나는 순식간에 주눅이 들었다. 머릿속이 복잡해지기 시작할 때 즈음 옆 면접자의 목소리가 들린다.

"이상입니다!"

생각이 정리가 안 됐는데 내 차례가 되었다. 순간, 수백 번 외웠던 자기소개가 기억이 나지 않았다. 필사적으로 생각하고 간신히 기억 속 A4 용지의 첫 단어를 기억해 내곤 입을 열었다. 모든 면접관의 눈이 나에게 쏠렸다.

"안녕하십니까! 금번 ○○○ 회사에 지원 드리는 지원자 김! 태! 한! 입니다!"

한번 입에서 나온 말은 자연스럽게 나오기 시작했다. 수백 번이고 연습했던 입은 익숙해져 있는 듯 술술 나오기 시작했다.

이후 몇 가지의 의례적인 질문들이 오가며 마음은 점점 안정을 찾아갔고 예상 질문들에 빠르고 정확하게 대답을 하며 면접은 30분을 지나고 있었다.

"자, 그럼 이제 영어로 자기소개를 부탁합니다."

면접관이 말했다. 내가 제일 공을 들였던 부분이다. 제일 먼저 최고의 대학을 졸업한 면접자가 입을 뗐다.

"렛 미 인트로듀스 마이셀프."

로 시작한 그는 1분 동안의 자기소개를 무난하게 소화했다. 면접관들이 고개를 끄덕였다. 내가 듣기에도 군더더기 없는 자기소개였다.

"자, 다음 면접자 말씀하세요."

면접관의 말이 이어지고 이번에는 모든 눈이 가운데 면접자에게 쏠렸다. 그런데 그가 우물쭈물하기 시작했다. 불안한 듯 손은 갈팡질팡하고 있었다. 몇 초간의 정적이 흐른 뒤 그는 입을 뗐고 모기 같은 목소리로 이야기했다.

"아이 엠 쏘리……."

"그게 답니까?"

"네……."

면접관들의 물음이 재차 이어졌고 그는 답했다. 그는 영어 면접을 준비해오지 않은 것이다. 결국 그는 미안하다는 말을 영어로 남기고는 끝을 맺었다. 안타까운 반면에 내 마음은 매우 편해졌다. 적어도 두 마디만 한다면 그보다는 많이 한 것이니.

면접 3개월 전, 영어에 일가견이 있는 친척 동생의 학교를 매일같이 찾아가 그가 끝나는 시간을 기다려 영어 자기소개 원고를 의논했다. 스펙이 부족하던 나는 오로지 자신감만이 차별화라 생각하며 준비했다. 내가 말했다.

"동수야, 아무래도 내 생각에는 면접에 오는 모든 사람들이 영어로 자기소개를 할 때 'let me introduce'로 시작할 것 같다. 아무리 생각을 해봐도 중학교 영어 시간에 그 표현밖에 배운 기억이 없다."

"맞아. 나도 그렇게 생각해. 그럼 이렇게 해보는 것은 어떨까?"

"어떻게?"

한참을 고민하던 끝에 그가 말을 했다.

"이건 어떤지 들어봐. 'First of all, thank you for giving me a chance to introduce myself' 이렇게 말이야. 그러면 뜻은 달라지지 않지만 '렛 미 인트로듀스'보다는 더 정중하고 세련돼 보이지 않을까?"

뭔지 모르지만 확실히 세련되게 느껴졌다. 그렇게 작성된 원고는 A4용지 한 쪽을 가득 메울 정도가 되었고 그날 이후 한 글자도 틀리지 않게 암기를 했다. 암기가 취약인 나는 수백 번을 보고 또 외웠다. 그리고 마침내 그 문장이 빛을 발할 순간이 왔다. '나는 미국인이다. 나는 미국인이다.'라는 주문을 수없이 한 다음 입을 열었다.

"펄스트 오브 오올~ 땡큐 풔 기빙 미 어 챈스 투 인트로듀스 마이셀~엡."

이곳저곳 백여 번의 면접과 낙방을 해본 경험상 면접자들의 눈빛을 보면 그들이 나에게 관심이 있는지 없는지 정도는 파악할 수 있는 정도가 됐다. 첫 문장이 시작되자 서류만 보고 있던 4명의 면접관들은 고개를 들어 나를 주목하기 시작했고 나는 작전(?)이 맞아 떨어졌다는 느낌을 받았다.

"Thank you!"

를 끝으로 소개를 마쳤다. 면접관 중 한 명이 "엑설런트!"라고 말하는 것을 들었다. 그 말을 듣는 순간 나는 합격을 예감했다. 면접시간은 끝이 보였고 마음은 쐐기 골을 넣은 축구선수와 같은 심정이었다.

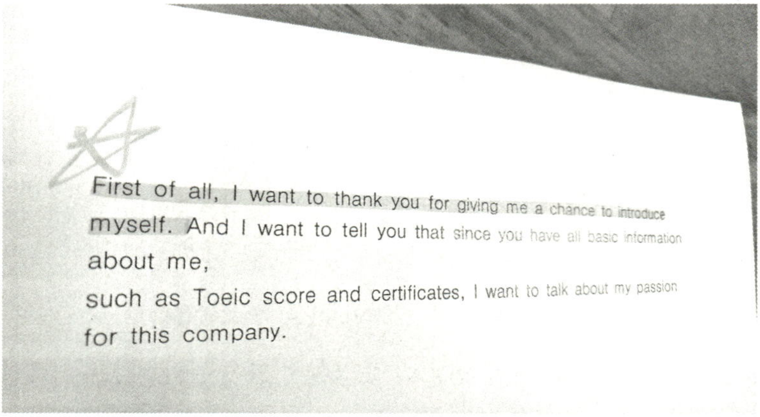


이 한 문장은 신의 한 수였다.

면접은 마무리에 접어들었다. 이미 머릿속은 동료와 밤늦도록 업무 이야기를 주고받으며 해외 바이어들과 대화를 하는 내 모습을 상상하고 있었다. 면접관들도 보고 있던 서류를 덮고 마무리를 준비하는 듯했다. 경험상 이것은 합격이다.

"자, 제일 왼쪽의 지원자?"

"네?"

내게 시선을 건넨 갑작스런 부름에 바이어와 악수하는 상상이 깨졌다.

"주로 주말에 무얼 하시나요?"

계속 오른쪽부터 질문을 해오다 보니 맨 왼쪽에 앉은 나는 상대적으로 질문에 대한 답을 정리해서 말하기가 수월했지만 갑작스런 질문이었다. 그러나 지금 이것은 답하기 쉬운 질문이었다.

"네, 저는 주로 맛집을 찾아다니는 것을 좋아해서 주말이면 맛있는 곳을 찾아 돌아다니곤 합니다. 아! 저번 주말에는 인천에 신포시장이라는 곳을 방문했습니다. 신포시장은 우리가 잘 알고 있는 신포 만두가 생겨난 곳이며 신포 닭강정 또한 유명한 곳입니다. 저는 이번 방문에 닭강정을 먹고 왔습니다. 신포 닭강정은…."

신포 닭강정의 역사까지 설명을 한 것이 화근이었다. 장황한 나의 대답을 끝까지 들은 면접관은 다시 물었다.

"잘 들었습니다. 그럼 지금까지 말씀하신 것을 그대로 영어로 말씀해주시겠어요?"

'아차! 낭패다!'

전혀 생각지 못한 질문이었다. 더군다나 예상 질문에 대한 답변만 준비한 내게 그 질문은 엄마냐 아빠냐의 질문보다 더욱 어려웠다. 그래도 이렇게 무너질 수는 없었다. 무슨 말이라도 해야 했다.

"아… 아이 고우… 투…."

까지 생각한 나는 속으로 생각했다.

'앗! Go는 현재형이니까 과거형으로 써야지.'

"아… 아이… 웬트 투… 신풔마알켓."

나의 표정도, 면접관들의 표정도 숨넘어갈 듯 같이 일그러진다.

"아이 에이트…."

'앗! 닭강정이 영어로 뭐지?'

머릿속에서 기억을 샅샅이 뒤져봤지만 십 수년의 영어교육 속에서 '닭강정'이란 단어를 영어로 알려준 선생님은 없었다. 몇 초가 수년처럼 길게 느껴졌다. 결국 생각 끝에 답했다.

'에라 모르겠다.'

"아이 에이트… 엄… 닥알캉줘엉 인 신풔마알켓."

순간, 면접장은 정적이 흘렀다. 이윽고 면접관들은 동시에 웃음을 터뜨렸다. 옆의 면접자들도 웃음을 터뜨렸다.

"푸읍! 으하하하하하!"

그리고 한 면접관이 눈물을 닦아내며 묻는다.

"왜 '닭강정'은 영어로 안 하셨나요? 하하하핫!"

쥐구멍이라도 있으면 숨고 싶었다. 솔직히 말했다.

"그게… 학교를 다니면서 '닭강정'이라는 단어는 배운 적이 없습니다."

"맞네요! 맞아! 하하하!"

그렇게 도망치듯 면접이 끝나고 집으로 돌아와 몇 날 며칠은 닭강정이 머릿속을 맴돌았다.

그로부터 며칠 뒤 저녁, 인근 공장에서 밤샘 아르바이트 중이었다. 쉬는 시간에 핸드폰을 확인하니 부재 중 메시지가 도착해 있었다. 핸드폰을 열어 확인했다.

'○○○ 채용에 합격하신 것을 진심으로 축하드립니다.'

그날 저녁, 아버지가 크게 기뻐하시는 모습을 난생 처음 봤다. 마치 내가 명문대학교에 입학한 것 같다고 하셨다. 그 모습을 보니 내 기분도 덩달아 좋아졌다.

1년 6개월, 이 회사에 입사하기 위해 끊임없이 내가 잘할 수 있는 것에 대해서 고민하고 또 고민했다. 남들보다 못한 학력과 경험 때문에 나의 출발선은 늘 그들 뒤에 있었다. 그래서 합격이란 것은 더 멀게 느껴졌지만 내가 잘할 수 있는 것에 대해 최선을 다했고 '합격'이라는 두 글자로 보상받았다.

인생에 있어서 모든 것이 반드시 매뉴얼대로 돌아가는 것은 아니다. 성공한 사람들은 공통적으로 세상의 기준과 상식을 벗어나, 자기만의 길을 걸어왔던 사람들이다. 나는 비록 부족하지만 나만의 방식으로 도전했고 작은 성취를 이룰 수 있었다.

'할 수 있다'는 자신감은 때때로 스펙을 뛰어넘는 비상식적인 성과를 만들어 내기도 한다.

## 12) 초일류 기업 도전기 3 – 초일류 신입 사원

입사 후 1개월은 신입 사원들끼리 한 사무실에 모여 기본적으로 알아야 할 업무를 배우고 각 부서에 인사를 다니곤 했다. 회사가 워낙 크다 보니 인사에만 꼬박 하루가 걸렸다.

거래처에 인사를 하러 다닐 때의 일이다. 나이가 지긋하신 사장님이 뛰어나오셔서 우리에게 '빅 바이어'라고 하시며 90도로 인사하는 모습에 어쩔 줄 몰라 했던 기억이 난다. 돈이 사람을 굽히게 만든다는 사실에 조금 씁쓸하기도 했고 내심 어깨에 힘이 들어가기도 했다. 그만큼 업계에서는 유명한 회사였다.

신입 사원의 회사생활은 화려했다. 삼시 세끼가 제공되는 호텔급의 사내 식당, 두 시간 정도의 넉넉한 점심시간, 회장님과의 저녁 식사는 회사 앞에서 1인당 1대씩 기다리고 있는 최고급 세단 자동차를 타고 서울의 최고급 호텔의 뷔페로 가기도 했다. 회사의 화려한 외관은 드라마 촬영 장소가 되어 주말이면 연예인들이 와서 촬영을 했고 방영한 드라마는 한류 열풍에 힘입어 일본 관광객의 관광 코스가 되었다. 동종업계에서 전 세계 1위의 매출과 명성. 신입 사원들은 가는 곳마다 인사를 받고 주목을 받았다. 정확히 입사 후 6개월까지는…….

그렇게 화려한 1달의 신입 사원 교육은 눈 깜짝할 새 지나갔다. 각자 어느 부서로 배정을 받을지 궁금해하며 서로 들뜬 기분이었다. 팀마다 브랜드를 2~3개씩 맡고 있었고 신입 사원 모두는 명품 브랜드를 다루는 팀으로 들어가길 원했다. 각 팀에 들어가게 되면 전 세계에 출시되지 않은 따끈따끈한 신상품을 제일 먼저 얻을 수 있다는 행운도 기대에 한몫했다.

이윽고 인사부장이 들어왔다.

"여러분 한 달 동안 고생 많으셨습니다. 생소한 용어와 어려운 업무 교육이었을 텐데 모두 훌륭하게 해내셨습니다. 지금부터 여러분들이 앞으로 몸담게 될 부서를 호명해 드리겠습니다. 먼저, 해외영업 1팀을 호명하겠습니다. 먼저……. 장지영 씨!"

"네!"

명문대학교를 졸업하고 연수 내내 똑 부러지는 왕언니 역할을 한 누나였다. 일순간 장내에서는 탄식이 터졌다.

"아!"

해외영업 1팀은 회사의 주축이 되는 주요 브랜드를 모아놓은 팀이었다. 누구나 들어가고 싶지만 누구나 들어갈 수 없는 팀이기도 했다. 그녀의 똑 부러지는 성격과 모두를 아우르는 능력에 모두 수긍하는 분위기였다.

"다음은 해외영업 2팀입니다."

"김영수 씨?"

"네…."

그는 연수 내내 조용하고 결혼을 앞둔 20대 후반의 경상도 사람이었다. 그의 얼굴 표정이 어두웠다.

"해외영업 2팀입니다."

해외영업 2팀은 해외 발령이 매우 빈번한 곳이었다. 거의 해외에 나가야 한다고 봐도 무방했다. 실제로 해외로 발령받아 나간 직원 중에는 수년째 타지 생활을 하는 직원이 많았다. 해외 발령은 새로운 도전을 한다는 것에 좋아하는 사람도 많았지만 그만큼 매우 긴 시간을 타지에서 보내야 했기에 기피하는 팀 중에 하나였다.

"다음은 해외영업 3팀입니다."

일순간 술렁이던 장내는 쥐 죽은 듯이 조용해졌다. 모두의 눈이 인사부장의 입으로 향했다. 모두의 눈은 긴장감으로 가득 찼다.

'제발 저 팀만 아니면 돼!'

3팀은 중저가의 브랜드를 전담해서 수출입 업무를 하는 팀이었다. 중저가이다 보니 상대적으로 상품에 대한 수요가 많았고 그만큼 회사 내에서 업무가 제일 많기로 소문난 팀이었다. '출근은 있지만 퇴근이 없는 팀'이라고 불리기도 했다. 영업 3팀의 일주일은 모두 월요일이라 해서 '칠월팀'이라고 불리기도 하는 악명 높은 팀이었다.

일순간 무거워진 분위기에 인사부장도 발표를 뜸 들였다. 여기저기서 긴장 때문에 침 넘어가는 소리가 들렸다. 그가 천천히 입을 열었다. 그의 입 모양이 양옆으로 천천히 벌어지는 것을 본 순간 심장이 덜컥 내려앉았다. 연수 내내 뺀질댔던 박○○이 아닌 것이

명백해졌고 외국 대학을 졸업해서 영어를 잘한다고 엄청 빼기던 전○○도 용의 선상에서 제외됐다. 나는 제발 그가 '이'라고 발음하기를 그 짧은 시간에 수만 번 기도했다. 양옆으로 찢어지던 입에서 드디어 성대가 떨리며 소리로 나오기 시작했다.

"기이임!"

나를 제외한 김씨는 2명이었다. 인사부장의 혀가 거센소리를 내기 위해 서서히 윗니와 아랫니 사이에 위치했다.

"태애애"

돌이킬 수 없었다. 결국 내 이름이 호명됐다. 여기저기서 안도의 한숨과 웅성거리는 소리가 귓가에 맴돌았다. 영업 3팀으로 배정받은 후, '힘들어 봤자 얼마나 힘들겠어?'라고 위로도 하고 마음을 다잡았지만 오판이었다는 것을 깨닫는 데에는 그리 오래 걸리지 않았다.

각자의 부서를 배정받은 신입 사원들은 서로 힘내자고 독려하며 흩어졌다. 사무실은 화려한 로비를 지나 뒤쪽으로 돌아 들어가면 있었다. 처음 보는 직원들이 그제야 보이기 시작했고 다들 왠지 모르게 지쳐있는 모습이었다.

한참을 돌아 들어가니 저 멀리서 커다란 불투명 유리문이 다가왔다. 유리문 안쪽에서는 형광등 빛이 새어나오고 있었다. 문은 점점 커지며 다가왔고 덩달아 가슴도 두근거리기 시작했다. 인사부장이 문을 당겨 열었다. 문이 열리면서 사무실 안의 소리가 점점 크게 들려왔다. 마치 넓은 바다와 같이 파티션과 책상들이 펼쳐졌고 어림

잡아 100여 명의 사람들이 그곳에 있었다. 그들은 굉장히 분주했다. 서서 소리치며 중국어로 전화하는 사람, 차가운 안경 너머의 눈빛으로 모니터를 뚫어져라 쳐다보는 사람, 안절부절못하며 일본어로 전화하는 사람, 금발의 외국인과 영어로 대화하는 사람. 서로 다른 언어 속에 한 가지 공통점이 있다면 모두의 책상에는 산더미 같은 서류가 쌓여 있다는 점이었다. 그곳은 회사 로비에 있는 그랜드 피아노도, 실내 연못도 없는 삭막한 사막과 같았다. 나는 '해외영업 3팀'이라 쓰인 곳으로 안내받았다. 그곳에는 총 6명의 직원이 있었다. 그들 역시 분주하기는 마찬가지였다. 나는 큰 소리로 인사했다.

"안녕하십니까! 신입 사원입니다!"

"어, 어, 그래, 그래. 반가워. 어서 앉아."

그것이 그날 그들과 처음이자 마지막 대화였다. 3팀 직원들은 하루에도 서울과 부산을 밥 먹듯이 왕복했고 거래처에서 밤을 새는 경우가 많아 아예 출근을 거래처로 하는 사람도 많았다. 그런 분위기에서 업무를 체계적으로 인수인계받는다는 것은 불가능해 보였다. 오죽하면 과장도 알려주고 그런 거 없으니 알아서 배우라고 했을까.

말 그대로 정신없는 한 달이었다. 출근은 오전 8시 30분까지였지만 자발적으로 조금씩 앞당겨지던 출근 시간은 어느새 오전 7시로 옮겨져 있었고 그마저도 팀에서도 제일 늦은 출근 시간이었다. 하루의 시작은 출근과 함께 이메일 확인으로 시작했다. 메일함을 열어보면 지난밤 중국, 베트남, 인도네시아 등 각지에서 날아온 메일이 보관함에 수북했다. 메일 보관함에는 하루 평균 100여 통의 이메일이 도착해 있었고, 사보나 공지사항 등을 제하고 나면 답변을 해야 하는 메일은 그중 70~80여 통이었다. 거의 모든 메일을 영어로 답변을 해야 하니 영어에 대한 스트레스도 이만저만이 아니었다. 그래서 회사에서 제공하는 원어민과의 수업을 매일 점심시간에 참가했고 그제야 점심시간이 괜히 2시간이 아니었음을 알게 되었다. 그곳에는 나 같은 신입 사원부터 차장까지 발 디딜 틈이 없었다. 오전에 메일 보내기와 점심의 영어 수업을 듣고 나면 다시 오후 2~3시까지 메일 답변 업무가 이어졌다. 그 업무가 끝나면 다른 업무가 시작됐고 눈 깜짝할 새에 저녁 시간이 됐다. 저녁엔 수출입 업무의 시작이었다. 어느 정도 일이 마무리가 되어갈 쯤 고개를 들어 시계를 보면 시간은 새벽 3~4시가 되어 있었고 새벽의 찬 공기와 함께 퇴근해서 씻고 잠자리에 누울 때 즈음이면 멀리서 동이 터오고 있었다. 그렇게 다시 한 달이 지났을 땐 몸무게가 76kg에서 64kg으로 줄어 있었다. 애초부터 '신입 사원이니까'라는 변명은 통하지 않았다. 우리는 업무 투입과 동시에 프로와 같이 일을 해야만 했고 그곳은 소리 없는 전쟁터였다.

그렇게 세 달이 지나고 나서야 어느 날 밤 11시. 회사 앞 자그마한 포장마차에서 간신히 입사 동기들과 함께 조촐한 모임을 가질 수 있었다. 그 자리에선 입사 초기의 밝은 모습들을 볼 수 없었다.

하나같이 초췌한 모습이었고 입사 초기 깔끔한 정장과는 달리 이곳저곳 얼룩이 져있는 편안한 티셔츠와 면바지 차림이 대부분이었다.

"어? 영업 5팀 진원 씨는 안 왔어?"

"몰랐어? 지난주에 퇴사했어."

간간히 사내 메신저로 힘들다고 이야기했던 그다.

'정말 많이 힘들었구나. 조금만 더 이야기를 들어줬으면…….'

아쉬움과 이름 모를 죄책감이 짙게 남았다. 안부전화라도 해야겠다 생각하며 서로 별다른 말 없이 모임은 끝났다. 모임의 말미에 서로

"그래, 서로 잘 버티자고!"

라고 하며 각자의 집으로, 회사로 돌아갔다. 오랜만에 일찍 귀가하는 날이었다. 오랜만에 보는 가족의 얼굴들이 매우 반가운 저녁이었다. 시간은 그렇게 빠르게 지나가고 있었다.

## 13) 초일류 기업 도전기 4 – 2만 불 사건

그 일은 입사한 지 8개월이 지날 즈음 발생했다. 그때까지 여전히 새벽에 귀가하고 가끔 밤을 새기도 했다. 친구들은 더 이상 모임에 오라는 전화 한 통 하지 않았고, 토요일은 그 주에 못다 한 일을 처리하는 날이었으며 일요일은 다음 주의 업무 준비와 발주 체크를 위한 출근이었다. 말 그대로 월화수목금금금의 연속이었다.

계속되는 야근과 철야로 인해 제대로 쉬어본 지가 언젠지 기억이 나지 않았다. 일요일 저녁 시간은 내일이 월요일이라는 사실 때문에 가슴이 두근두근하고 숨이 갑갑해지는 증상까지 생겼다.

그러던 어느 날 저녁(저녁이라고 해봤자 아주 늦은 저녁이었지만) 자리로 한 통의 전화가 시끄럽게 울려댔다.

"따르릉, 따르릉."

"네, ○○○ 무역회사 해외영업 3팀 김태한입니다."

"여보세요! 김태한 씨?"

소리치는 듯한 목소리가 수화기를 타고 날아와 내 귀에 꽂혔다.

"네, 맞습니다. 말씀하세요."

"여기 중국인데 왜 베트남 물건이 이쪽으로 왔어!"

상대방은 다짜고짜 반말에 소리를 지르며 물었다.

"네?"

"물건 잘못 왔다고! 에이XX."

욕지거리와 함께 전화가 거칠게 끊어졌다. 잠시 동안 멍하니 있는데 다시 전화가 울렸다.

"따르릉, 따르릉."

조심스럽게 받았다.

"네, 해외영업 3팀입니다."

"여기 베트남인데요. 중국 게 이쪽으로 왔어요. 이거 어떻게 할 겁니까! 지금 물품 잘못 와서 현지 공장 생산 라인이 모두 멈춰 있는 상태예요! 아 진짜 난감하네!"

'뚝!'

불과 10분 남짓한 시간에 두 개의 나라에서 받은 전화는 쏟아지는 피로를 싹 달아나게 만들었다. 마음은 불안과 공포로 차기 시작했고 늦은 시간에 어찌해야 할지 모른 채 발만 동동 굴렀다.

다음 날, 회사는 발칵 뒤집혔다. 이른 아침부터 운영 부서로 불려간 나는 잘못 보낸 물품 때문에 현지 생산 라인이 멈췄고 그것에 대한 회사 손실이 2만 달러가 발생했다는 말을 들었다. 평소 깐깐한 관리팀과 영업팀하고는 사이가 좋지 않았기에 그들은 더욱 나를 몰아쳤다. 불려간 운영 부서에서 30여 명 정도의 사람들에 둘러싸여 집중 포화를 당했다. 따지고 보면 속도를 중요시하는 영업팀의 특성상 상사의 결재 없이 선발송 후 결재를 하는 경우가 상당히 많았고 그러다 보니 평소에도 크고 작은 실수들이 발생하곤 했는데 결국 내가 대형 사고를 치고 만 것이었다.

'제가! 물어내겠습니다!'

라는 말이 목구멍까지 차올랐으나 순간 속으로 2만 불을 한화로 계산해보고는 아차 싶어 그저 죄송하다고 머리를 조아릴 뿐이었다. 한참을 사과한 끝에 자리로 돌아오자마자 자리에 전화벨이 울렸다. 이사님이었다. 심장이 덜컥 내려앉았다. 입사 초기 이후 두 번째 방문한 이사님의 사무실은 낯설고 무거운 공기로 가득했다. 그곳에서 상황 설명을 한참을 한 후에 일단 돌아가라는 말을 듣고 다시 사무실로 돌아왔다. 거짓말같이 또 다시 전화벨이 울렸다. 더 이상 내려앉을 심장도 없는데 공손히 받쳐 든 수화기 너머로 회장실의 비서 목소리가 흘러왔다.

"회장님이 잠깐 올라오시래요."

무심한 그녀의 목소리에 내려앉을 여력이 없는 심장은 다시 덜컥 내려앉았다. 회사 제일 위층에 위치한 회장실 문을 열고 들어가니 비서의 얼굴이 시크하다. 노크를 하고 까치발로 들어가니 평소에 인자한 얼굴의 회장님은 없었다. 그는 더 이상 빨개질 수 없을 만큼 빨개질 수 없는 얼굴로 분노를 뿜어내고 있었고 그 분노를 참아내려고 부단히 노력하는 모습이 보였다.

"업무상… 조금… 차질이 있었나 봐요. 그렇죠?"

달아 오른 얼굴에서 정말 어울리지 않는 절제된 목소리가 나왔다.

"네…, 조… 조금 차질이 있었던 것 같습니다…."

"덕분에 내일 뉴욕으로 가는 비행기를 예약했어요. 그쪽 회장한테 경과 보고하려고 말이지요. 그러니 내가 경황을 파악할 수 있게 경위서를 써와요. 나가보세요."

"네…."

돌아서는 내 뒤통수에 그가 다시 말했다.

"아주 자세하게. 알았죠?"

"네…. 잘 알겠습니다!"

대답을 한 뒤 황급히 그의 사무실을 빠져나왔다. 많이 혼나진 않았다는 안도감에 한숨을 쉬고는 사무실로 내려갔다.

'그나저나 경위서는 어떻게 쓰는 거지?'

자리로 돌아온 나는 A4용지에 정성스레 경위서를 작성했다. 경위서를 써 본 적도, 일정한 형식을 갖춘 문서를 써 본 적도 없는 나는 그저 서술식으로 적어 내려갔다.

그렇게 작성된 경위서를 처음 보는 결재 판에 끼워 놓고는 다시 회장실로 올라갔다. 문을 노크하고 들어갔다.

"똑! 똑!"

그의 얼굴은 아직도 빨갛다.

"왜 또 왔어요?"

"네, 회장님. 경위서 써왔습니다."

"벌써? 줘보세요."

"네!"

의기양양하고 절도 있게 결재 판과 함께 건넸고 경위서는 이렇게 시작했다.

'지난 번 배송 건에 대해 죄송합니다.'라고 시작하는 육필로 써 내려간 총 3장에 걸친 경위서는 지금 생각해보면 사건의 경위를 밝힌 것이 아니라 거의 반성문 수준이었다. 10년에 가까운 시간을 공공기관에 있던 사람으로서 지금 생각해보면 형편없는 수준이었다. 건네받은 서류를 읽어 내려가는 그의 얼굴은 점점 터지기 직전의 빨간 풍선과 같이 변했고 급기야 서류를 공중에 던졌다. 딱, 드라마 속 그 장면이었다.

"야이!!!! 나가!!! 나가!!!"

나는 도망치듯 사무실을 나갔다. 문을 닫고 나오는데 그가 뒤통수에 대고 다시 외쳤다.

"영어로 써와! 영어로! 그리고 좀! 컴퓨터로 해!"

도망치듯 내려온 사무실에 혼자 덩그러니 앉아서 사전을 펼치고는 영어로 다시 작성하기 시작했다. 우여곡절 끝에 작성된 경위서와 뉴욕행 비행기 티켓을 들고 회장님은 다음 날 머나먼 나라로 떠났다.

결국 경위서와 깊은 반성으로 끝난 사건이었지만 그날 이후 나는 사내에서 회장님을 해외여행 보낸 사원으로 일약 슈퍼스타가 됐다. 한동안은 어딜 가든 그 이야기뿐이었다.

"여~ 슈퍼스타~."

"야~ 회장님 해외여행시켜드렸다며?"

정말이지 쥐구멍으로 숨고 싶었다. 하루에도 몇 번씩 그만두고 싶은 충동이 일었고 이죽거리는 주변 사람들의 말을 들을 때면 나도 모르게 주먹을 쥐곤 하던 순간이 한두 번이 아니다. 이렇듯 원하지 않던 '슈퍼스타'의 삶은 힘들었다.

그 한 번의 큰 실수 후에는 일을 함에 있어서 수십 번씩 확인하는 습관이 생겼다. 더 이상의 실수를 하지 않기 위해 이를 악물고 확인에 확인을 거듭했고 결국 유례없는 수출 목표 초과 달성으로 다음 해 우수 직원 표창까지 받았다.

만약 거기서 포기하고 일을 그만두거나 주저앉았다면 아마 평생을 후회로 남았을 것이다. 후회 없이 불태웠기 때문에 나중에 그 회사를 나왔을 때에는 미련이 남지 않았다. 지금에야 웃으며 이런 이야기를 하지만 그때 당시는 정말이지 죽고 싶을 만큼 창피하고 겁에 질렸었다. 그리고 큰 실수로 인해 다시는 같은 실수를 반복하지 않게 되었다.

잔잔한 파도는 일등 항해사를 만들 수 없다고 한다. 때로는 거친 파도에 부딪히고, 때로는 칠흑 같은 어둠 속에서 방향을 잃고 당장 어디로 뱃머리를 돌려야 할지 모르는 경험을 해야 최고의 항해사가 될 수 있는 것이다. 물론 큰 실수는 한 번으로 족하지만….

## 14) 해결책 찾아와!

"아니 이 사람아! 독대를 청했으면 해결책을 가지고 와야지!"

A과장은 나의 말에 일어선 채로 소리를 지르기 시작했다. 방금 전까지 우아하게 난을 닦던 모습과는 상반된 모습이다.

"아… 아니 과장님, 저는 해결책이 아니라……."

예상치 못한 고성에 당황하여 말을 이어갔다. 일순간의 나의 선택이 지워지지 않는 꼬리표로 남는 순간이었다.

"직원들이 너무 힘들어하고 건의를 해도 받아들여지지 않아 직접 뵙고자 왔습니다."

"나가! 당장 나가! 나가서 해결책 가지고 와!"

쫓겨나듯 과장의 방에서 나왔다. 깊은 한숨과 함께 내가 무엇을 잘못했는지 감이 오질 않았다.

'아니, 힘든 일 있으면 언제든 편하게 이야기하라고 할 땐 언제고….'

그의 상반된 태도에 이해가 되지 않으며 사무실을 나왔다.

언제부턴가 회사 안으로 셔틀버스가 순회하기 시작하면서 담당 팀장은 직원들을 불러 놓고 이야기를 했다.

"셔틀버스가 회사 안으로 순회운행을 시작하면서 고객들의 안전을 위해서 당분간만 여러분들께서는 주차 안내를 좀 해주셔야겠습니다. 당분간이니 조금만 힘냅시다."

그날 이후 직원들은 순번을 정하여 돌아가면서 주차 안내를 시작했다.

처음에는 좋았다. 답답한 사무실을 벗어나 단 한 시간이라도 야외 공기를 마실 수 있다는 점이 좋았다. 그리고 모든 경험은 언젠가 나에게 도움이 될 수도 있다고 생각하던 나는 그것을 즐겼다. 하지만 문제는 다른 곳에서 발생이 됐다. 당분간이라고 했던 약속과는 달리 6개월이 지나도 언제까지 해야 한다는 말이 없었다. 급한 업무를 해야 할 때에 주차 지도는 업무를 지연시켰고 결과적으로 피해는 고스란히 고객들에게 돌아갔다. 그동안 수차례 상사에게 업무의 고충을 이야기했지만 매번 돌아오는 대답은 조금만 윗선의 대답을 기다려 보자는 말이었다.

그러는 와중에 1년의 시간이 지났다. 매연으로 인하여 기침을 하는 직원이 하나둘 늘어갔고 한여름에 그을린 팔은 옷에 가려진 부분과 드러난 부분을 더욱 명확하게 해주었다. 직원들의 불만은 높아만 갔고 직원들끼리 언성이 높아지는 일이 잦아지기 시작했다. 결국 수차례의 건의에도 묵묵부답인 임원진들에게 지친 나는, 참다못한 직원들을 대표하여 과장의 사무실을 찾았던 것이다. 언제든 힘든 일이 있으면 찾아와 이야기하라고 나긋나긋하게 이야기를 해오던 과장은 막상 찾아가니 내가 해결책을 가져와야 한다고 언성을 높이며 나를 쫓아낸 것이다.

나는 친한 친구 S를 만나서 이야기를 들려 줬다.

"당연히 네가 잘못한 거지."

라며 이야기를 꺼낸다.

"윗사람에게 독대를 청할 때에는 해결책을 가지고 가는 거야."

"아니 해결책을 몰라서 물어보러 간 사람이 무슨 해결책을 들고 가?"

나는 도무지 이해가 되지 않았다.

"그리고 S야, 밑의 직원이 그렇게 와서 이야기할 정도면 일단은 앉아보라고 한 다음 이야기를 들어보고 그 다음 같이 해결책을 찾아야 하는 게 아니냐? 화는 그 다음에 내도 되는 거 아니야?"

"그냥 상사들은 밑의 직원이 와서 그러는 거 싫어해. 그냥 그렇게 생각하고 사는 게 마음 편해."

그와의 대화에서도 답을 찾을 수는 없었다.

그 뒤로도 주차 지도 업무는 6개월간 지속되었고 전체 회의 시간에 건의를 했다.

"회사로 들어오는 도로 중앙선을 뚫어서 주차 금지 봉을 세워 놓는다면 이중 주차 문제는 물론 지금의 주차 문제까지도 해결될 것 같습니다."

나의 말에 과장이 답한다.

"도로를 뚫는다는 생각은 버리세요. 효율적이지 못합니다."

의견은 한마디로 묵살되었고 이후 주차지도는 한동안 계속되며 문제가 해결될 기미가 보이지 않은 채 그냥 그대로 끝이 났다. 말 그대로 아무것도 해결된 것도 없이, 할 의지도 없이 언제 그랬냐는 듯이 끝났다.

그동안 많은 상사들을 모셔왔다. 그중에는 나의 삶의 방향성을 바꿀 만큼 큰 영향을 준 상사도 있지만 상대적으로 그렇지 않은 상사들도 있었다.

일을 하지 않는 상사, 일 자체를 모르는 상사, 큰일이 생기면 먼저 숨으려는 상사, 뒤에서 남 흉보는 상사, 감정의 기복이 심한 상사, 자신의 안위만을 걱정하는 상사, 근무시간 내내 TV를 보거나 웹서핑만 하는 상사.

그리고 그런 사람들은 앞에서 '소통'을 강조했다. 소통이라는 단어를 잘 모르는 것 같다.

언젠가 유명 연예인이 유재석에 대한 존경심을 방송에서 이야기한 적이 있다. 그는 지독한 생활고에 시달리고 하는 일마다 실패를 거듭하여 답답한 마음에 평소에 안면도 없는 유재석의 전화번호를 알아내어 만나자고 했단다. 밤늦은 시간임에도 불구하고 유재석은 그 사람을 흔쾌히 만나주었다 하고 그 자리에서 유재석은 대화 내내 단 한 가지 말만 해주었다고 한다.

"그랬구나. 나라도 그 상황이면 힘들었을 것 같다."

이었다고 한다. 그럼에도 불구하고 마음의 무거운 돌을 내려놓은 것 같았다고 이야기하는 그를 보며 결국 소통은 경청에 있음을 깨달았다.

경청은 어렵다. 남의 말을 듣다 보면 나의 경험에 비추어 보아 조언을 해주고 싶기도 하고, 틀린 방향으로 가는 것 같으면 바로잡아 주고 싶은 마음이 굴뚝같이 들곤 한다. 그러고는 어느새 내 이야기를 하고 있는 내 자신을 발견하며 입을 닫곤 한다.

나의 20대는 조언을 해주며 사람을 잃었다. 그때에는 내가 조언자로서 역할을 충분히 해내고 있다고 생각했지만 조언은 강요가 되어 상대방에게 부담을 주었음을 알게 되었다. 그들은 하나둘 나를 떠나갔다.

얼마 전에 근무하던 직장 근처에 일이 생겨서 오후 업무를 마치고 밤늦게 지나가다가 옛 생각에 잠깐 들른 적이 있다. 회사 입구에 다다랐을 때 중앙선에 세로로 박아 세워진 주차 금지 봉이 눈에 들어왔다. 내가 3년 전에 제안했던 그것이다. 그 옆으로는 몇 번이고 자동차 바퀴에 짓이겨지고 뭉개진 주차 금지 팻말들이 패잔병마냥 일렬로 죽 늘어서 있었다.

'결국 내가 맞았네.'

입가에 씁쓸한 미소가 번졌다.

영화 부당거래에서 극중 경찰청장은 이렇게 이야기한다.

"야이 XX야, 나한테 독대를 청했으면 해결책을 가지고 와야지 그냥 와?"

문제 원인의 본질을 파악하는가의 여부에 따라 해결의 시간은 달라진다.

## 15) 스타 강사

그와의 만남은 퇴사 2년 전으로 거슬러 올라간다. 청소년 진로 교육에 대한 강연가가 필요하다는 의뢰를 받고 수소문 끝에 학부모들 사이에서 소위 말하는 스타 강사라는 그에게 강연 요청을 하였다. 바쁜 그와의 스케줄 조절은 생각보다 어려웠고 우여곡절 끝에 강연 일정을 정했다.

강연 당일, 그를 안내하기 위해 주차장에서 그를 기다렸다. 강연 시간이 다 되어갈 때 즈음 저 멀리서 이제 막 세차를 끝낸 것 같은 흰색 차가 주차장으로 미끄러지듯 들어왔다. 차 문이 열리고 그가 차에서 내렸다. 방송에서만 보던 그를 실제로 마주하니 마치 연예인을 보는 것 같은 착각이 들었다. 최대한 티 나지 않게 인사를 나누었고 우리는 곧장 강연장으로 향했다.

오후 2시에 시작하기로 한 강연은 이미 한 시간 전부터 만원이었다. 미처 자리를 잡지 못한 사람들은 강연장 뒤에서 서서 강연을 들으려 했다. 그의 말 한마디라도 놓칠세라 그들 손에는 수첩이 들려 있었다.

이윽고 강의가 시작됐고 그는 단숨에 학부모들을 집중시켰다. 그는 지금까지 공부해온 방법, 자녀를 어떻게 양육을 해야 하는지, 입시는 어떻게 하는지를 소상하게 실타래를 풀어내듯 열강을 하였고 장내는 그의 카리스마로 높은 집중도를 보이며 2시간의 강의는 박장대소의 웃음과 수긍의 끄덕임 그리고 강의 후에는 그의 코멘트를 들으려는 청중들의 줄로 장사진을 이루었다. 강의 후 강연장을 빠져나가는 데에도 적지 않은 시간이 지체되었다. 모든 사람들이 빠져나가고 그에게 다가가 잘 들었다고 말했다.

"강사님, 강의 너무 잘 들었습니다. 청중들의 집중도가 굉장히 좋았습니다."

"아닙니다. 청중들이 잘 들어주셔서 감사할 따름입니다."

말하는 그의 얼굴과 목덜미는 땀방울이 흘러내리고 있었다. 땀을 흘리는 그의 모습에 프로다움이 느껴졌다. 어찌 보면 강사의 길을 걷고자 결심했을 때 막연히 그의 그런 모습을 상상했는지 모르겠다. 조금 더 그의 이야기를 듣고 싶었다. 그래서 물었다.

"혹시 시간 되시면 다음 강의 가시기 전에 차 한 잔 하시겠어요?"

"아, 마침 잘됐네요. 저도 다음 강의가 마침 이 근처이네요. 근처에 가서 차 한 잔 하시죠. 제가 사겠습니다. 하하하."

"네, 그럼 가시죠."

그와 같이 인근의 한적한 카페 구석에 자리 잡았다.

"강사님, 오늘 강의 너무 잘 들었습니다. 사실 저도 강사가 되는 것이 꿈인데요. 어떻게 하면 그렇게 될 수 있을까요?"

그는 본인이 겪어왔던 경험들을 이야기해주었다.

"제가 첫 강의를 했을 때였습니다. 학교 강당에서 500명의 청소년들을 대상으로 강의를 했었습니다. 무대에 섰을 때 저는 아무것도 보이지가 않았습니다. 다리는 후들거리고 등골은 굉장히 서늘했던 기억이 있어요. 강의 준비는 누구나 열심히 하고 충분히 할 수 있지만 당일 청중의 집중력을 이끌어내는 것은 굉장히 힘들다고 느꼈습니다. 강의가 시작하고 얼마 후 청소년들은 점점 졸기 시작했고 심지어 강의 마지막에 이르러서는 강당에 모인 청소년들 중 절반 이상이 숙면에 빠져들기 시작했습니다. 그날 어떤 정신으로 강의를 했는지 기억조차 나지 않습니다."

방송을 종횡무진 누비고 청중들을 쥐락펴락하는 그에게 그러한 과거가 있었다는 것이 믿기지 않았다. 이어진 그의 말은 나를 놀라게 만들었다.

"이후 일정이 어떻게 되세요? 다음 강의도 마침 이 근처고 저도 오프닝할 사람이 필요하니 괜찮으시면 다음 강의에 같이 갑시다. 오프닝 좀 도와주세요."

본인의 강의 시간을 할애하며 나에게 도움을 청하는 그의 요청을 거절할 이유가 없었다. 나는 두말할 나위 없이 대답했다.

"네. 잘 알겠습니다. 저야 감사하지요."

"갑시다."

그의 차를 같이 타고 다음 강의장으로 이동했다.

강의 장소에 도착하니 역시 전처럼 만원이었다. 심지어 강의장 양끝 쪽에 사람들이 서있고 뒤쪽도 사람들이 발 디딜 틈 없이 서있었다. 많은 청중에 덩달아 내 가슴도 조금씩 빨리 뛰기 시작했다.

잠시 후 장내가 정돈이 되고 사회자의 소개가 시작이 됐다. 그의 배려로 나는 30분간의 오프닝 무대를 책임지기로 주최 측과 협의하였고 주최 측 또한 흔쾌히 받아들여 주었다. 주제는 '꿈은 무엇인가'였다. 내가 제일 자신 있는 주제이기도 했다.

이윽고 강연이 시작되고, 입장하라는 진행자의 신호에 반사적으로 튀어 나갔다. 무대는 생각보다 넓었고 내려다보이는 관객은 밑에서 보는 것과 달랐다. 자신 있었지만 막상 큰 무대에 오르니 긴장은 긴장을 물고 점점 커져 두근거리는 심장 소리가 귀까지 들리는 것 같았다.

1년 전, 강사가 되기로 결심한 뒤 강의 기회를 만들기 위해 강의 제안서를 가지고 수없이 돌아다녔다. 그때는 단 오 분이라도 시간이 주어지면 좋겠다고 생각하며 조그마한 기회에도 최선을 다했다. 학교, 관공서, 기업 등에서 문전박대를 당하기도 했고 다시 연락하지 말라는 곳도 있었다. 그런 곳 중 지금은 좋은 인연이 되어 관계를 이어가는 곳도 있다.

그런 마음으로 시작한 강의이기에 주어진 30분은 굉장히 소중한 시간이었다. 심호흡을 한번 하고 나니 마음은 장맛비 뒤의 맑은 날처럼 평온해져서 마이크를 들었고 주어진 30분을 내 목소리로 채워 나가기 시작했다.

"네, 그럼 이만 저는 물러가겠습니다!"

약속된 시간이 지나고 마무리를 했다. 하나둘 박수가 나오기 시작했고 곧 박수소리는 한여름 장마철의 성난 소나기 소리와 같이 변했다.

그 30분이 어떻게 지나갔는지는 기억이 나질 않는다. 분명한 건 청중들이 웃어주었고 훗날 그 지역에 가면 가끔 알아봐 주시곤 한다는 사실이 지금도 기분을 좋게 만든다.

수년간 강의를 하고 사회를 보아 왔지만 아직도 무대에 서기 전엔 두 다리가 떨리고 심장은 빠르게 뛴다. 하지만 어느덧 익숙해진 그 긴장과 떨림의 두려움이 난 좋다.

새로운 두려움에 '시도하는 것'은 누구나 갈망하지만 막상 시도를 하는 사람은 많지 않다. 나 역시도 그렇다. 수백 명의 참가자가 있는 강의장에 들어서기 전 도망치고 싶고, 이 순간 내가 사라졌으면 하는 생각이 들 때도 있다. 그러나 결국 그러한 마음은 강의장에 들어가서 입을 여는 순간 눈 녹듯이 사라진다. 오히려 고민을 하던 순간보다 마음이 편안하다. 그렇게 시간을 쌓아놓고 나면 또 한 번 해냈다는 성취감이 든다.

동트기 전 새벽 뿌연 안개는 앞이 보이지 않기에 두렵다. 보이지 않는다는 것은 우리 머릿속에서 두려워야 할 대상을 만들어 낸다. 갑자기 튀어나오는 귀신이나 내 뒷덜미를 채는 손길처럼. 그것이 캄캄한 밤이 무서운 이유다. 이렇게 두려움의 대상을 만들어 놓고 나면 우리의 정신과 몸은 적당한 긴장 상태를 유지하며 언제든 유사시에 대응을 할 수 있는 시스템을 가동시킨다. 마침내 두려운 밤을 벗어나면 결국 귀신도 뒷덜미를 채가는 손길도 나타나지 않는다. 두려움은 우리가 알 수 없는 미지의 세계로 들어가기 위한 하나의 준비 단계다. 우리의 뇌가 '이제 새로운 세상으로 들어갈 준비가 되었습니다.'라고 알려주는 신호다.

나는 오랫동안 다닌 회사를 퇴사하면서 죽는 날까지 변화와 그것을 원하는 사람들과 함께하기로 결심했다. 그들과 함께 변화를 향한 나의 두려움을 극복하며 살아갈 것이다. 나와 동참할 '변화희망인'들을 찾는다. 변화에 대한 두려움을 즐기자. 그것에 대한 극복은 나와 동행하는 한 걸음에 있다.

## 16) 누군가에게 하루를 살아간다는 것

스물 후반의 취업난은 생각보다 심각했다. 입사 지원을 하는 족족 탈락하기 일쑤였고 '귀하의 뛰어난 역량과 잠재력에도 불구하고…….'라는 문구로 시작하는 문자메시지는 더 이상 어색한 문자가 아니었다.

취업 탈락의 고배가 계속되던 어느 날 의왕시(市)에서 계약기간이 1년인 인턴사원을 뽑는다는 채용공고를 보았다. 취업이 어려운 시기에 더욱이 가까운 곳의 채용공고는 한 줄기의 빛 같았고 몇 날을 고민하고 수정한 끝에 제출한 입사 지원서는 '합격'이라는 두 글자로 기쁨을 대신했다.

배정된 부서는 의왕시 오전동에 위치한 주민 센터의 사회복지 부서였다. 주어진 업무는 생활이 어려우신 분들을 파악하는 업무였다.

업무를 시작하고 한 달여가 지났을 즈음 어느 날 한 가정을 방문해서 생활 상태를 파악해오라는 업무를 받고 출장을 나왔다.

나른해진 오후, 답답한 사무실을 벗어나 발걸음을 옮겼다. 봄바람을 타고 온 라벤더 향기는 한껏 마음을 들뜨게 했고, 저녁에 있을 오랜만의 동창들과의 선약은 마음을 설레게 했다.

버스를 타고 두 정거장 뒤에서 내린 뒤 언덕 위로 구불구불 나있는 길을 따라 올라갔다. 20년을 넘게 한 동네에서 살았지만 도통 생소한 길이었다.

구불구불한 언덕을 올라 한 사람 정도 들어갈 법한 좁은 통로를 지나고 나면 다시 제자리로 돌아오기를 수차례. 등에는 땀이 배어 나오기 시작했다.

한 시간 정도 되었을 무렵 저 멀리 페인트가 벗겨진 낡은 집이 모습을 드러냈다. 얼굴 양옆에서는 굵은 땀방울이 연신 떨어졌다. 건물은 다가올수록 점점 민낯을 드러냈다. 외관은 쓰러져가는 폐가를 방불케 하는 모습이었고 각 모서리는 썩어 금방이라도 부서질 것 같았다. 대문 위에는 마치 분필로 쓴 것처럼 희미하게 낡은 건물의 주소가 남아 있었다. 번지수를 확인하고는 제대로 왔음을 확인하고 부서질 것 같은 대문 안으로 들어섰다.

'8호……. 8호…….'

속으로 되뇌며 집 주변을 한 바퀴 돌아 8호라고 적힌 집을 찾았다. 8호 앞에는 여기저기 해지고 구멍이 난 신발 3켤레가 어지럽게 문 앞에 놓여 있었고 그 옆으로는 언제 사용했는지조차 알 수 없는 먼지가 뽀얗게 쌓인 양은 세숫대야. 그리고 버려 세워진 빈 쌀부대가 덩그러니 있었다. 바로 옆 기름통의 주유구는 언제 열어봤는지조차 기억이 안 날 정도로 먼지가 눈처럼 쌓여있었다.

"계십니까?"

아무런 인기척이 없어 재차 불렀다.

"계십니까? 동사무소에서 나왔습니다."

그제야 안에서 기척이 들린다. 목소리는 오랫동안 말을 안 해서인지 힘없이 갈라져 새어 나오며 길게 가다듬어졌다.

"네에. 잠깐만요."

잠시의 부스럭거림 뒤에 문이 삐거덕거리며 열렸다. 어머니뻘 정도 되는 분이 맞이해주셨다. 허리는 붕대를 감아 구부정했고 이마를 가로질러 나있는 깊게 패인 주름이 삶에 대한 무기력을 보여주는 듯했다.

"아이고, 이런 곳까지……. 정말 감사합니다. 어서 들어오세요."

그녀는 마치 나를 귀빈 대접하듯 어찌할 바를 모르며 힘겹게 입꼬리를 끌어올려 미소를 지어보였다. 신발을 벗고 집안으로 발을 들이미는 순간 지독한 곰팡이 냄새가 코를 통해 폐부 깊숙한 곳까지 훅 하고 몰려들었다.

"읍!"

나도 모르게 숨을 끊어내는 소리가 새어 나왔다. 앞서가던 그녀는 뒤돌아보며 어쩔 줄 몰라 하며 이야기한다.

"냄새가 조금 나지요? 죄송합니다."

"아, 아닙니다."

얼굴의 열기가 화끈하게 느껴진 채 집안으로 들어섰고 부엌이라고 부르기조차 민망한 곳으로 안내되었다.

"바쁘신데 여기까지 와주시고 너무 죄송합니다."

여전히 그녀는 허둥지둥이다. 이윽고 과일과 마실 것을 내왔다. 과일을 내어온 접시 한 귀퉁이의 얼룩이 눈에 들어왔다. 집안을 천천히 둘러보았다. 흰 벽지는 노란 콧물이 흘러내린 듯 사방이 누렇다 못해 샛노랗다. 과일을 집어 올리다 말고 도로 내려놓았다. 왠지 과일로 손이 가지 않았다.

"별말씀을요. 당연히 제가 해야 할 일인데요. 그런데 허리는 어쩌다가 붕대를 하셨어요?"

"일하다가 디스크가 재발해서 쉬고 있는 중이에요. 조금 쉬고 나면 괜찮을 거예요."

"병원은 가보셨나요?"

"아니오. 그냥 조금 쉬면 나아질 거예요."

그녀의 거동이 매우 불편해 보였다. 조사지에 적혀 있는 문답 문항에 생활 형편을 체크해 나가기 시작했다. 출발하기 전 가족 사항을 조사하고 왔던 터라 보이지 않는 가족을 물어보았다.

"남편분하고 아드님은 어디 가셨나요?"

그녀의 낯빛이 순간 어두워졌다가 이내 다시 미소를 띠며 이야기했다.

"남편하고 아들은 건넌방에 있어요. 이쪽으로 오세요."

그녀의 뒤를 따라가니 그곳에서 또 다른 광경을 맞이했다. 퀴퀴하고 눅눅한 좁은 방엔 두 명의 남자가 있었다. 한 남자는 마른 장작과 같았다. 몸은 비쩍 말라 앙상한 뼈가 그대로 드러나 있었고 얼굴은 겨울나무의 마른 껍질처럼 거칠고 깊었다. 간신히 벽에 기대어 앉아 있는 모습이 병색이 완연했다. 누런 벽지를 따라 반대편으로 시선을 돌리니 방의 구석에 나와 비슷한 또래의 청년이 눈에 들어왔다. 옷은 언제 갈아입었는지 모를 정도로 이곳저곳 해지고 얼룩져 있었다. 장애를 가지고 있는 그는 연신 자신의 한쪽 볼을 긁었다. 볼은 까맣게 흉 져 있었다.

"여보, 인사하세요. 동사무소에서 오신 분이에요."

남편이 간신히 고개를 끄덕이며 인사한다.

"아이고……. 나랏일 하시는 분이 오셨네……. 어서 오세요. 집안이 조금 누추하죠?"

그의 말에는 힘이 없고 갈라진 쉿소리가 입에서 간신히 흘러나왔다.

"아닙니다. 몸은 좀 어떠신지요?"

"병원에서 암이 말기라고 합디다. 나야 죽으면 되지만 남겨질 가족들이 걱정이네요."

짧은 탄식이 나도 모르게 흘러 나왔다. 자신보다 가족을 생각하는 그의 말에 난 무슨 말을, 무슨 내색을 해야 할지 도무지 생각이 나지 않았다. 그저 고개를 숙일 뿐이었다. 고개를 떨어뜨린 시선 끝에 내 잠바의 메이커 로고가 보이며 부끄러운 감정이 순간 몰아쳤다.

"저……. 이 정도면 조사는 충분합니다. 저는 이제 그만 가봐야

겠네요."

무언가 감출 수 없는 부끄러운 마음이 밀려왔다. 나는 세 사람을 뒤로하고 황급히 방을 나섰다. 나는 서둘러 방을 나와 아까 손대지 않은 과일을 지나쳐 현관으로 갔다. 그제야 생각이 들었다. 내가 집에서 언제든지 먹을 수 있는 과일은 필시 그들이 내온 최고의 손님용 선물이었으리라. 그녀는 뒤따라오며 연신 고맙다고 이야기했다.

"고맙습니다. 와주셔서 고맙습니다. 바쁘신데."

나는 무엇이 고마운 것인지도 모르고 허둥지둥 신발을 구겨 신었다. 눈앞은 눈물로 흐려져 앞이 잘 보이지 않았다. 급하게 욱여넣은 발 때문에 신발 끈과 발이 뒤엉켜 신발이 신겨지지 않는다. 황급히 현관문의 손잡이를 돌리고 나가려는 찰나 그녀가 나의 옷의 뒷깃을 잡았다.

"저기요. 한 말씀만 드리고 싶은데……."

그녀의 깊게 패인 눈에 간절함이 차올랐다.

"앞으…로도 도와주실 수 있나요……."

"네. 잘 알겠습니다. 저는 이만 들어가 보겠습니다."

현관문을 급히 돌리고 나와 내달렸다. 눈물이 멈추질 않았다.

햇살은 찢어질 듯이 좋은 날인데 가슴의 먹먹함이 가시질 않았다. 한참을 그렇게 앉아있었다.

## 17) Job interview

학창 시절 나는 공부를 못했다. 책상에 앉기만 하면 잡생각들이 꼬리에 꼬리를 물고 이어졌고, 도통 수업에 집중하질 못했다. 사람들은 나를 춤추고 놀기 좋아하는 사람 정도로 알고 있었는데, 그들이 모르는 것이 있다면, 그런 사람도 부모가 자신에게 어떤 기대를 가지고 있는지 정도는 알고 있다는 것이다. 나도 잘하고 싶었다. 그러나 그게 마음처럼 되질 않았다. 부모님의 기대와 나의 석차라는 현실 사이에 낀 나는 스스로를 부족한 인간쯤으로 여겨온 듯하다. 언젠가부터 작은 실패의 반복은 성적이 좋은 부류를 특별한 존재로, 그리고 나를 보통 이하의 존재로 인정하게끔 만들었다.

한때 명문대는 아니더라도 4년제 대학에 입학해서 부모님의 기대에 부응하겠다고 시작한 재수의 의지도 얼마 가지 못했고 시험 문턱에서 단념했던 기억이 난다. 책만 펴면 안될 거라는 부정적인 의식이 나를 괴롭혔다. 돌이켜 생각해보면 당시 '나는 안돼'라는 말을 입에 달고 살았던 것 같다. 결국 나는 예정된 실패 후 전문대학에 진학했다.

당시 나는 학교에 관심이 없었다. 그럭저럭 시간만 보내다가 졸업 이후 안정되게 월급이라도 받을 수 있다면 적당히 취직하자는 생각을 하고 있었다. 수업보다는 학교 옆 PC방으로 등교하는 날이 더 많았다. 기말고사를 앞둔 어느 날, 그날도 게임에 빠져 있었다.

"재미있니?"

누군가가 어깨에 손을 올리며 말을 걸었다.

우리 과의 노(老)교수님이었다. 두꺼운 돋보기안경 너머 나를 보는 교수님의 눈빛은 걱정으로 가득했다. 그는 그 한마디만 남기고는 발길을 돌렸다. 불과 1~2분의 짧은 시간이었지만 그날 교수님과의 어색한 만남 이후 그 눈빛에 담긴 복잡한 심경이 순간순간 내 가슴까지 전해져 왔다.

'이렇게 살아서 될까?'

이십 대에 들어서 처음으로 내 삶에 대해 진지해져본 순간이었다. 무엇이든 한번이라도 잘해보고 싶었다.

바람이 스산한 가을의 교정을 걷는데 학과 게시판 앞을 지나다가 포스터 한 장이 붙어 있는 것을 보았다.

'교내 Job interview 대회 참가자 모집.'

'할 수 있을까? 해 볼까?'

무엇 때문인지 나는 한동안 포스터를 물끄러미 쳐다보았다.

학점이 좋은 것도 아니었고, 학교생활이 모범적인 것도 아니었지만, 당시에는 대학 시절에 단 한 번만큼은 결과를 남겨야겠다는 생각이 들었던 것 같다. 그길로 인터뷰 접수를 했다. 그러나 학과 교수님들로부터 접수를 철회하라는 말을 들어야 했다.

"자네가 대회에 참가하고자 하는 마음은 알겠는데 다음에도 기회가 있으니 이번에는 다른 학우에게 기회를 주고 자네는 취소를 하면 안 되겠나?"

교수님의 말을 듣고 내가 그동안 어떻게 살았는지, 나에 대한 사람들의 평가가 어떤지 너무나 분명하게 알게 되었다. 사실 그 자리에서 도망치고 싶었다. 그런데 이렇게 또 한 번 달아나면 정말 회복불능의 상태로 망가질지도 모른다는 불안감이 밀려왔다. 나는 용기를 내어 말했다.

"교수님…, 열심히… 정말 열심히 준비해보겠습니다."

학과장님은 이내 골이 아픈 듯 손을 휘저으며 나가라고 하셨다. 학교에서도 나는 문제 학생으로 찍혀 있었던 것이다.

나는 무언가 보여주고 싶었다. 이것은 자존심의 문제이기도 했다. 그날 이후 대회만을 바라보고 공부했다. 당시의 나의 영어 실력은 참가 수준에 한참 모자란 수준이었다. 초등 수준의 영어로 대학영어대회를 준비해야 했으니 교수님들의 우려가 충분히 이해되고도 남는다. 나는 서툰 원고를 작성한 후에 원어민 교수를 쫓아다니며 작성한 원고를 수정받았다. 나중에는 귀찮아서 나를 피해 다닐 정도로 매달렸으니 당시 그 대회는 내게는 꽤나 진지한 도전이었던 것이다. 그렇게 한 달을 보냈다.

대회 당일, 교내 수십 개 학과에서 참가한 학생들의 무리를 보니 심장이 터질 듯 요동쳤다. 이윽고 내 차례가 되었고 3명의 원어민 모의 면접관과 인터뷰가 시작됐다. 시작되고 얼마 되지 않아 면접관의 말이 긴장 때문인지 들리지가 않았다. 하지만 그들의 말 속의 단어들에 집중하며 아는 단어가 나왔을 때 준비해간 답과 끼워 맞추며 대답을 이어갔다.

30분에 걸친 대회가 끝나고 시험장 밖으로 나왔을 때 두 다리에 힘이 풀려 털썩 주저앉고 말았다. 3시간 동안 진행이 된 대회가 끝나고 나는 자리를 털고 일어섰다. 준비해간 원고를 제대로 발표했다는 것만으로도 스스로는 대만족이었기에 상은 전혀 기대도 하지 않았다. 그런데 그때 대회 3등을 호명하는 소리가 들렸다.

"김태한."

나는 내 귀를 의심했다.

"대회 3등은 김태한 학생입니다."

내 이름이 호명됐다. 순간 울컥하며 눈물이 나려 했다. 이런 감정, 이런 성취감을 지금껏 느껴본 적이 없던 나는 어쩔 줄 몰라 하며 단상으로 올라갔다.

지금껏 특별한 존재들의 뒷모습만을 바라보며 살아온 내게 그들의 세계에도 내가 들어설 자리가 있다는 것을 처음으로 경험했던 사건이다. 이 글을 읽는 독자들은 이 일이 아무것도 아닌 일인 것처럼 여길 수도 있을 것이다. 그러나 작은 성공의 경험은 또 다른 성공을 갈망하게 한다. 그것이 보통의 존재가 특별해지는 순간이다.

당신이라는 꽃은 언젠가 피기 마련이다. 이것은 의심할 여지가 없다. 지금일 수도 있고 몇 년 뒤일 수도 있다. 반드시 필 것은 분명하다. 그러니 피울 수 있다는 확신을 갖고, 결심을 하고 행동할 때에는 지금이 마지막 날인 것처럼 치열하게 매달리길 바란다. 그리고 마음속으로 외쳐라.

"어쨌든 반드시 한번은 오게 하리라."

돌이켜보니, 나의 20대는 도전과 실패, 그리고 다시 도전의 연속인 나날들이었다. 앞으로 펼쳐질 30대 후반의 인생에 실패하지 않는 일이 없으리라는 보장은 없지만, 그 시절을 통해 적어도 나라는 존재도 할 수 있다는 것을 배울 수 있었다. "많은 인생의 실패자들은 포기할 때 자신이 성공에 얼마나 가까이 있었는지 모른다."는 에디슨의 말처럼 나도 실패와 포기를 통해 조금 더 성공에 가까이 가고 있는 것은 아닐까?

# 조금 특별한 존재

chapter 2

## 1) 단 한번만이라도 그리 살자

10년 동안 나를 규정지은 한 장의 명함에서 벗어난 지금, 나는 여러 가지에 도전하고 있다. 만약 여러분이 이 글을 읽고 있다면 '작가'라는 분야에 새로운 도전을 한 것이다.

글을 쓰면서 떠오르지 않는 표현에 자신을 원망하기도, 내가 쓴 글에 웃기도 하며 매일 아침 창작의 시간을 보내기도 했다. 가끔 다른 작가들의 출판 소식을 접할 때면 초조해지기도 하고 과연 '나는 출판을 할 수 있을 것인가'에 대해서 수없이 자문했다. 하지만 출력된 최종 원고를 손 위에 올려놓고 묵직함을 느꼈을 땐 출판의 여부를 떠나 짜릿했다. 이것이 앞으로 '글'과 함께하는 인생을 선택한

이유이기도 했다.

나는 '처음'이라는 단어를 좋아한다. 내 글의 '의료여행'처럼 말이다. 설레고, 두렵고, 막막한 감정이 뒤섞인 기분은 매번 새롭게 태어나게 하는 느낌이다.

또 한 가지, 나는 강사다. 청소년들과 10년에 가까운 시간을 함께 보낸 덕에 나의 주된 강의는 초, 중, 고, 대학생, 취업준비생, 30대의 직장인이다. 남들보다 늦은 출발이기에 나와 같은 '특별한 보통의 존재'들과 이야기가 잘 통한다. 게다가 그들의 때 묻지 않은 마음이 너무 좋다. 그들에게 인생 선배로서, 형으로서 때론 친구로서 그들과 함께하는 삶을 살기로 결심했다.

청소년 강의는 내가 제일 좋아하는 것 중 하나다.

어떤 날에는 행사의 사회자가 되기도 한다. 사회자는 본서의 '이상적인 상사를 만나 회사를 그만두었다'가 계기가 되어 자의 반, 타의 반으로 시작한 업(業)이다. 하지만 남 앞에 서는 것을 좋아해 무대에 올라가 행사 전체를 진행하고, 그 행사가 잘 마무리되었을 때 그 벅찬 기분을 좋아한다. 앞으로 더욱 도전해야 할 과제이기도 하다.

관객 앞은 언제나 떨리는 곳이다.

그리고 지금은 대한민국의 유일무이한 VIP 의전 기업인 '중앙의전기획'의 브랜드마케팅의 팀장을 맡아 브랜드 가치를 높이는 것에 몰두하고 있다.

삶의 마지막을 정성스럽게 준비해주는 이 기업을 통해 난 평소에 생각해보지 않은 우리의 삶이 얼마나 고귀한 것인지, 어떻게 살아가야 하는지에 대해 깊게 생각해보는 시간을 갖고 있다. 그러한 일을 할 수 있다는 것은 축복이다. 무엇과도 바꿀 수 없는 소중한 경험을 하게 해준 중앙의전기획에 이 글을 빌어 감사의 말을 전한다.

그리고 강사들의 모임의 장(場)을 만들자는 취지에서 설립한 '대한민국강사협회'에서는 홍보 역할을 맡고 있다. 이곳에서 우리는 대한민국의 강사들과 함께 세미나, 강연회, 강좌, 모임들을 열어 강사들의 든든한 버팀목이 될 것이다.

또한 주말에는 '책담합시다'라는 독서 모임의 진행자로서의 역할을 수행하기도 한다. 서로 이런저런 이야기를 하면서 눈물과 콧물을 쏙 빼놓는 이 모임은 나에게는 뗄 수 없는 모임이 돼버렸다. 앞으로 이 모임은 100회까지 진행하며 강연 콘서트와 공연 그리고 출판을 하는 즐거운 모임으로 성장해 나갈 것이다.

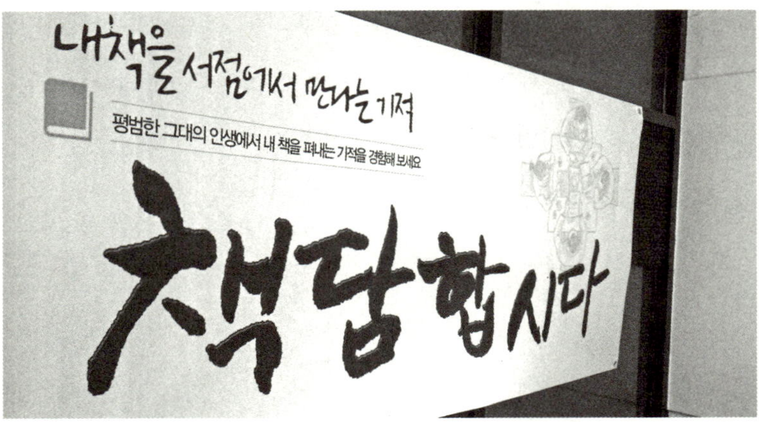

서두에 언급했다시피 '규정'되어진 삶에서 벗어나니 눈앞에는 새로운 세상이 펼쳐졌다. 매일매일은 나의 능력의 한계를 시험하는 날들의 연속이다. 그리고 무엇보다도 중요한 것은 내 자신이 즐겁다는 것이다. 정말로 하고 싶은 것을 하면서 그 일에 대한 성취를 얻어냈을 땐 더없이 행복하다.

컵은 그 안에 무엇을 채우는지에 따라 용도가 화분이 되기도 하고 물컵이 되기도 한다. 그런 컵처럼 나는 한 가지에 고정되지 않고 여러 가지의 가능성이 있는 사람이 되고 싶다. 오늘 아침의 새벽은 두 번 다시 돌아오지 않는다. 내가 정말 즐길 수 있는 일을 하자. 우리 단 한 번만이라도 그리 살자.

## 2) 소독법(少讀法) 1

우리가 살고 있는 대한민국은 여전히 취업의 한파와 박봉의 현실이 자리 잡은 겨울이다. 88만원의 시대라는 뉴스가 하루가 멀다 하고 뉴스의 머리말을 채운다. 나는 그 속에서 스물의 후반 나이에 월급 30만 원을 받으며 직장 생활을 시작했었다.

적은 월급으로 인해서 백 원 한 장 허투루 쓰지 못했다. 술 약속은 물론이고 차 한 잔 사 마시는 것도 사치였다. 그러한 생활 속에서도 돈 쓰기를 포기하지 않던 것이 독서를 위한 투자였다. 글을 쓰는 나에게 독서는 큰 부분을 차지한다. 사실 나는 학창 시절 난독증이 있나 싶을 정도로 책을 멀리했다. 교과서조차 펴보지 않았을 정도로 중증 중에 중증이었다. 덕분에 고(高)학년이 되도록 펴보지 않은 교과서가 수두룩했고, 암기를 해야 하는 과목들은 늘 하위권이었다.

그러던 어느 날, 지하철을 타고 한강을 지나갈 때였다. 저물어가는 해에 붉게 물들어가는 한강의 모습이 매우 아름다웠다. 그 장면을 글로 남기고 싶어 핸드폰을 꺼내 글을 쓰려 하는데 단 한 줄도 쓸 수가 없었다. 더 정확히는 표현을 할 수가 없었다. 마치 할 말은 목구멍까지 찼는데 더 이상 나오지 않는 느낌이었다. 그때 든 생각은 나만의 생각과 사고 안에서 표현은 한계가 있다는 것이었다. 다른 사람의 생각을 알고, 같은 상황에서 어떻게 표현을 했는지 알아

야 한다는 생각이 들었다. 결국 결론적으로 다른 이의 글을 읽고 나의 생각과 비교해보는 독서가 시작되었다.

책을 읽는 것은 타인의 삶을 살아보게도 하고 지금의 나와 비교해보는 척도가 되기도 한다. 책의 중요성과 더불어 그 당시 경제적으로 궁핍한 생활도 결과적으로 많은 도움이 됐다. 왜냐하면 많은 책을 구매하여 읽기보다는 한 권의 책을 여러 번 재독하며 깊게 읽는 소독하는 습관이 들게 했기 때문이다. 책 곳곳엔 낙서와 메모들이 남아 있다. 지금도 이 습관은 유효하다.

사회가 각박해질수록 사람들은 책 속에서 답을 구한다.

'일 년에 책을 천 권 읽어야 한다.', '서른 전에 천 권의 책을 읽기'

책 읽기 광풍(狂風)의 시대다. 시중에는 수많은 책 읽기 관련 도서들이 출판되어있다. 한 달에 적게는 수십 권에서 많게는 일 년에 수백 수천 권의 책을 읽는 방법, 그리고 그렇게 책을 읽은 사람들.

이 부분에서 간과하지 말아야 할 부분이 있다고 본다. 서점에 들러 다독하라는 책의 첫 페이지를 펼치면 대부분 저자의 직업은 책을 업으로 하고 있으며 책을 통해 생계유지를 하는 사람이 대부분이다. 즉 책을 가까이해야만 하는 사람들이라는 뜻이다. 분별없이 다독을 맹신하게 되면, 속독을 하게 되고 결국 책의 겉만 훑고 가는 식의 독서를 하게 된다.

대부분의 사람들은 하루에 적게는 8시간에서 많게는 12시간을 직장에서 보낸다. 그런 환경에서 한 사람이 1년에 백 권, 천 권의 책을 읽기란 거의 불가능에 가깝다. 그러한 상황은 나를 자연스레 소독(少讀)과 재독(再讀)으로 이끌었다.

특히 세종대왕의 경우를 살펴보는 것은 의미가 있다. 명종실록 1년 6월 9일 기사에는 특진관 신영이 "세종은 지나치게 학문을 부지런히 하시어 심신을 손상하게까지 되시니 태종께서 서책을 거두도록 명하셨습니다. 우연히 구소수간(歐蘇手簡)이 어안(御案)에 놓여 있었는데 이는 구양수(歐陽修)와 소식(蘇軾)의 서찰로 정회(情懷)를 쓴 것일 뿐 문의(文意)가 웅장하고 심원한 것은 아니었습니다. 그러나 세종께서는 성심으로 학문을 좋아하셨으므로 천 번이나 읽으시어 지금껏 미담으로 전합니다."라고 밝힌 바가 있다. 책을 너무 많이 읽는 세종에게서 다른 책을 모두 빼앗자, 우연히 남아있던 책 '구소수간'을 천 번이나 읽었다는 것이다.

물론 태종이 모든 책을 치웠기에 읽을 책이 구소수간밖에 없었을지는 모르겠지만 훗날 한글 창제에 구소수간을 수없이 재독한 것이 많은 영향을 미쳤다고 생각한다.

결국 나는 나만의 방법으로 글을 읽기 시작했다. 책을 읽다가 마음에 드는 구절이 나오면 형광펜으로 밑줄을 긋고 그 당시의 느낌을 책 옆에 적어 놓는다. 그리고 그 부분을 포스트잇으로 표시를 해둔다. 모르는 단어와 생소한 표현이 나오면 그 뜻을 찾아보고 뜻과 유사한 단어를 사전에서 찾아보며 그와 연관되는 내용을 찾아서 표기해 놓곤 한다. 그렇게 독서를 하게 되면 자기계발서를 읽으면서 어느 철학자의 인생을 쫓아가기도 하고 생소한 이론들에 대해서도 찾아볼 수 있는 계기가 된다. 한 권의 책을 정독한다는 것은 매우 어려운 작업(독서가 어려운 나는 작업이라는 표현을 쓴다)이다. 그래서 나는 자투리 시간을 활용하여 한 권의 책을 완독한 후 단 5분의 시간이라도 생기면 미리 체크해 두었던 부분을 반복해서 읽었다. 이런 방법을 통해 책에 대한 거부감과 부담감을 줄일 수 있었다. 시간탓을 하며 쫓기듯 독서를 하는 것이 아니라 주어진 시간 내에 글을 가볍게 읽어 내려가는 것이다. 5분도 좋고 30분도 좋다. 일단 이러한 방법을 사용하면 하루에 독서를 위한 시간이 나를 기다리고 있다. 출근 후의 20~30분, 점심식사를 하고 난 뒤의 시간, 퇴근 시간 무렵 잠깐의 시간, 약속 시간보다 일찍 도착한 시간 등 독서를 위한 시간은 이제 내 편이 되어 있다. 한 권의 책을 완독한 다음 오랜 시간이 지나서 그 책을 다시 읽고 싶을 땐 표시해 놓은 곳을 중심으로 빠르게 읽어나간다. 마치 진득하게 우려낸 차와 같이 책의 전체적인 내용과 그 당시에 느꼈던 감성, 생각들이 다시 그려지곤 한다.

이러한 독서법을 지속적으로 하니 어느 순간 사람들은 나에게 표현력이 좋아졌다고 한다. 대화를 함에 있어 생각들을 자유롭게 꺼내놓는 것이 불편하지 않았다. 생각들을 자유롭게 꺼내어 놓다 보니 글이 쓰고 싶어졌다. SNS를 통하여 생각들과 하고 싶은 말들을 조금씩 기록해 두었다. 글들 중에는 댓글이 많이 달리는 글도 있었고 관심이 없는 글도 있었다. 댓글이 없는 글들은 사람들의 공감을 이끌어내지 못한 글이다. 그러한 글들을 수정하고 보완해 나갔고 이렇게 모은 짧은 글들은 자연스럽게 책을 엮고 싶다는 생각으로 이어졌다.

독서를 하고, 밑줄을 쳐라. 한 달만 해보기를 권한다. 한 달 뒤에 내적 변화에 꿈틀대는 여러분의 마음의 소리를 듣고 신기해할지도 모른다. 밝음의 반대말은 어두움이 아니다. 왼쪽의 반대말은 오른쪽이 아니다. 우리는 규정지을 수 없는 수만 가지의 특성과 모습으로 하루를 살아가는 중이다. 움직임, 생각, 규범, 사고 그 무엇 하나 타인과 같을 수 없다.

지금까지의 나를 단정 지었던, 더 정확히는 천성을 바꾸지 못할 거란 생각을 버리자. 인생은 매 순간이 리셋의 연속이다. 시답지 않았던 어제를 살았다면 리셋하고 새로운 오늘을 살면 되는 것이다. 변화하고 싶다면 시도해야 한다. 우리 몸과 마음은 시도에 의한 변화에 적응하기 위해 또 다시 자신만의 법칙을 재생산해낸다. 행동은 습관이 되고 결국 다른 내일을 만들어 낼 것이다.

우리는 눈부시게 아름다운 존재이다. 벤저민 프랭클린은 돈을 좇는 사람은 돈을 위해서 무엇이든 할 수 있는 사람이라고 했다. 돈을 꿈으로 바꿔보면, 꿈을 좇는 사람은 꿈을 위해서 무엇이든 할 수 있는 사람인 것이다. 그리고 깊게 읽어보자.

## 3) 소독법(少讀法) 2

앞서 언급한 대로 나는 소독(少讀)을 지향한다. 어찌 보면 다독(多讀)하지 못함에 대한 변명이라고 생각될 수도 있겠다. 책만 보면 잠이 오는 나에게 유행 같은 책 많이 읽기는 언감생심 생각하기 어려운 목표였다. 어느 날인가 베스트셀러에 오르신 유명한 작가분의 책을 읽어봤는데 다 읽고 책을 덮었을 때 드는 생각이 하나 있었다. '그래서 어쩌라고?' 유명한 작가가 집필했으니 그 안에 엄청난 통찰이 있으리라는 기대감도 있었겠지만 결론적으로 내린 결론은 그 책과 나는 맞지 않는다는 것이었다. 그리고 굳이 나와 맞지 않는 책을 꾸역꾸역 읽을 필요 없다는 생각이 들었다. 그런 책들은 아직도 책장 어디엔가에서 기나긴 동면 중이다. 이후 나는 베스트셀러나 유명 작가의 책을 읽기보다는 내게 맞는 작가, 책을 찾기 시작했다.

### 나의 독서법을 간단히 설명하고자 한다.

#### 1. 서점에서 거북이가 되자.

예전에는 SNS에서 책 순위를 보고 책을 구매하였다면 지금은 주말에 몇 시간의 짬을 내어 서점을 배회하며 마음에 가는 책 표지를 고르고 목차와 프롤로그를 보며 어떻게 자신의 이야기를 풀어나가려 하는지, 내용은 그러한지, 나와 맞는지를 보고 결정한다. 맞다 싶으면 구매한다.

은 펜, 형광펜, 포스트잇 플래그(띠지)를 준비한다.

그렇게 고르고 고른 책은 이제 낙서장이 된다. 한 글자 한 글자 읽어 내려가며 좋은 글귀, 감명 깊은 부분, 이해 안 되는 부분, 단어들, 그리고 그때그때 생각나는 이야기들은 책의 언저리에 써놓는다. 이 과정에서 소위 띠지로 표시를 하며 형광펜으로 줄을 그어가며 메모한다. 한 권의 책에는 의외로 모르는 단어와 알지 못했던 역사가 숨어있다.

책 읽기 3종 세트

띠지가 알맞게 들어갈 수 있는 명함 지갑은 훌륭한 수납공간이다. 필기할 수 있는 0.3~0.38mm 정도의 얇은 펜. 편의점에서 구입한 형광펜은 꽤나 훌륭한 가시성을 보인다. 이렇게 책은 수많은 책갈피로 도배되어 간다.

### 3. 사진 인화기를 준비한다.

요즘은 기술력이 좋아서 바로바로 사진을 출력할 수 있다는 것이 감동적이다. 나는 독서를 하다가 마음에 드는 글귀가 나오면 인터넷으로 찾거나 찍어서 출력을 한다. 마음에 드는 문구를 보고는 바로 인터넷에서 내가 상상하는 이미지를 찾아서 출력한다.

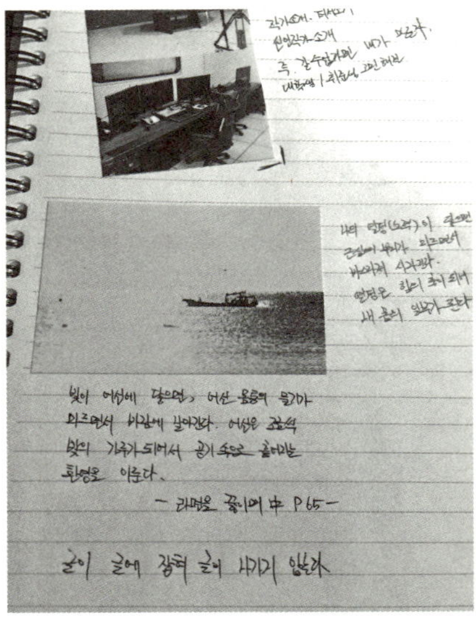


### 4. 얇은 노트를 준비한다. 주로 1,000원짜리.

얇은 노트는 휴대성이 좋다. 출력된 이미지는 노트에 붙이고 그 옆에 짧게 나의 생각을 적어본다. 나는 몸도 마음도 가방도 가벼운 것이 좋다.

### 5. 글을 인용한 필사를 해본다.

작가의 글을 필사를 해본다는 것은 간접으로 그들이 글을 쓰면서 느꼈을 표현과 감정을 느끼게 해준다. 필사 이후엔 나의 경험과 일상을 비추어 보아 짧게 글을 써본다.

### 6. 나만의 아지트 만들기

편안하고 안정적인 환경은 독서하기에 좋은 감성을 선물한다. 또한 환경의 변화는 지루한 일상에 새로움을 제공하고 다른 시각으로 바라볼 수 있는 기회를 준다. 결국 낯선 환경에 나를 놓아둠으로써 새로운 나를 발견하는 소소한 재미도 있는 것이다. 결론적으로 요약을 해보면

1. 내 맘에 드는 책 구매
2. 필기도구 준비
3. 사진 출력기 준비
4. 노트에 필기
5. 내 생각 적어보기
6. 낯선 환경

으로 요약할 수 있겠다.

이렇게 일독(一讀)된 책은 재독(再讀)되고 한 권을 완독하게 되면

많게는 1~2달의 시간이 걸리기도 하고 더 오래 걸리는 책들도 있다. 재독 시에 띠지를 중심으로 빠르게 읽을 수 있다는 장점도 있다. 언젠가 회사생활과 다독에 대한 과욕이 충만할 때 간단하게 계산을 해보니 바쁜 직장인이 1년에 100여 권의 책을 맛있게 읽는다는 것이 불가능하다는 생각이 들었다. 특히 나에게……. 나의 경우 아침 9시에 출근하고 저녁 6시에 퇴근을 한다면 독서를 할 시간은 아침 시간과 저녁의 집에 있는 1~2시간의 시간인데 이마저도 이런 저런 약속과 게으름으로 실천하기 어려운 경우가 많았다. 야근이라도 할라치면 더욱 어려운 실정이었다. 그래서 고심 끝에 생각해낸 방법이 위와 같은 방법이다.

위의 방법은 나에게 많은 독서량보다는 글귀 하나에 잡혀서 이런저런 생각을 할 수 있는 기회를 주었고 물론 업무 시작 전 30분, 지하철 이동 중 소소하게 읽을 수 있는 시간을 주었다.

책을 읽다가 이해가 안 가거나 해서 다른 사람의 의견을 들어보고자 결국 [책담합시다]라는 독서 모임을 만들게 되었다. 앞으로 이 모임을 통해 독서 여행과 '나'를 찾아가는 인생의 여행을 꾸준히 해보고자 한다. [책담합시다]에 참여하고 싶은 분은 언제든 연락을 바란다.

결론적으로 소독은 깊게 읽는 것이 아닌가 하는 생각을 해본다. 책은 인문(人文)이다. 즉 다른 사람의 인생(人)을 글(文)을 통하여 들여다보는 것이다. 타인의 삶을 깊게 알아간다는 것이 곧 소독의 매력이 아닌가 생각한다.

## 4) 아무것도 할 수 없는 중학생

얼마 전 청소년 자기주도학습과 관련한 강의 요청이 있어서 3박 4일 동안 경기도 모 대학에 다녀왔다. 강의 대상은 중학교 1~3학년이었다. 10년에 가까운 시간 동안 청소년들을 많이 만나왔지만 아직도 그들은 두렵기도, 즐겁기도 한 존재다. 마치 채색 전의 빈 화판과 같다. 어떠한 색을 입느냐에 따라 열정적이기도 하며, 거칠기도 하다.

그들과의 첫 만남은 서울역 집결 장소에서 이루어졌다. 멀리서 키가 180cm는 족히 돼 보이고 얼굴에 여드름이 가득한 녀석이 어머니의 손에 이끌려 다가온다. 어머니의 반대 손엔 녀석의 캐리어가 들려있다. 그는 온 얼굴로 불만을 뿜어내며 어머니의 손에 이끌려 다가왔다. 온 얼굴과 걸음에는 격렬한 저항의 메시지가 고스란히 전해져왔다. 아버지의 손에 이끌려온 이도 있었다. 모습은 제각각이었지만 얼굴에는 불만을 감추지 못했다. 그런 학생들이 하나둘 늘어나서 40여 명에 가깝게 모였다. 이번 캠프는 전국 각지에서 신청했는데 참가 경쟁률이 꽤나 높았다.

첫 강의 시간이었다. 서로 처음 마주하는 청소년들끼리 모여 있다 보니 공기는 무겁고 낮게 깔린 침묵 사이로 시계 초침 소리가 들렸다. 갑자기 맨 뒤에서 한 학생이 손을 든다. 드러눕듯이 뒤로 몸을 기울인 채 물었다.

"퇴소 몇 시에 해요?"

입소하자마자 퇴소 시간을 묻는다. 그 친구를 시작으로 여기저기서 질문들이 쏟아진다.

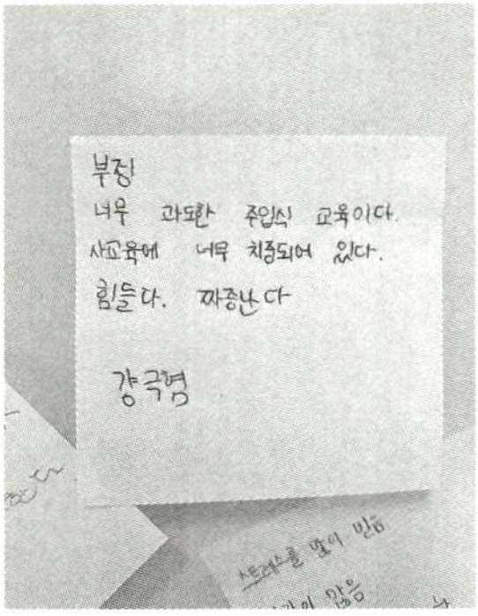

공부에 대한 그들의 생각은 예상대로다.

"잠은 몇 시에 자요?"

오는 내내 잠을 잤던 이가 묻는다.

"핸드폰 걷나요?"

총싸움 게임을 하고 있던 이가 묻는다.

학생들에게 책상을 둥근 원으로 만들 것을 요구했다. 그리고 교재는 한쪽으로 모아두게 한다.

"자, 대답은 해드릴 테니, 책상을 원으로 만들어주세요. 그리고 교재는 모두 교실 구석에 놓아두세요. 저는 강의 시간에 교재를 사용하지 않겠습니다."

어리둥절한 표정으로 그들은 나를 응시하며 움직이지 않는다. 그러고는 공부에 대한 생각을 메모지에 적어서 벽에 붙여 놓게 했다.

옛날 생각이 난다. 내 인생에 '공부'라는 것은 어떠한 것이었는지 생각해본다. 그들의 메모와 똑같다. 책을 펼치면 잠이 쏟아지고 공부라는 두 글자는 스트레스의 원인이었다.

사람은 누군가로부터 강요를 받게 되면 저항 시스템 전원이 켜진다. 이것은 태어날 때부터 설치되어 청소년기가 되면 눈부신 절정을 이룬다.

청소년기의 그들은 '안전가옥'에 살고 있다고 본다. 부모라는 울

타리에, 학교라는 보호막에, 친구라는 든든한 지원군들이 온몸을 감싸고 있다. 그래서인지 그들은 '안전가옥'에서 벗어나고 싶어 한다. 벗어나도 허용이 되는 범위 안의 안전가옥이다.

한 번은 한 친구에게 여가 시간에 무엇을 하느냐고 물은 적이 있다. 그 친구는 '여가'라는 단어를 처음 들어보는 것마냥 눈을 끔벅이다가 이야기한다.

"학원 가는데요."

학원을 3개를 다닌단다. 그랬더니 옆의 친구가 부럽다며 난리다. 그 친구에게 물어보니 7개를 다닌단다. 대기업 회사원보다 더 바쁜 생활이다.

꿈이 무어냐고 물어본다. 공무원, 판사, 검사, 의사라는 직업들이라 한다. 결정의 기준은 돈이다. 10년 전이나 별반 다를 것이 없다. 조금 다르다면 요즘은 초등생들 입에서도 공무원이라는 꿈(정확히는 장래희망 직업)이 흘러나온다. 마치 정해진 대사를 하듯이 나온다.

그들의 대답에 기성세대로서 미안한 마음이 먼저 들며 나의 학창 시절을 되돌아본다. 누구도 꿈을 왜 가져야 하는지 어떻게 가져야 하는지를 알려준 이가 없다. 하물며 부모님들도 공부를 열심히 하라고 했지(다 너 잘되라는 말이라는 이유와 함께) "왜"인지에 대해서 알려준 적이 없다. 그래서 강의를 할 때 "왜"에 집중을 하는 편이다. 책상 배열을 원으로 배열만 해도 그들의 마음은 열린다. 교재를 던지고 질문을 던지면 그들은 꽤나 진지한 상태로 변해간다. 나의 슬로건은 "변화를 원하는 사람을 돕는 것"이다. 이것은 내가 그러하지 못했기에 과거의 나와 같은 이들을 돕고 싶어서 고심에 고심을 거듭해 지은 인생 목표다.

강의를 할 때 그들 인생의 목표를 세우는 것에 집중한다. 나에게 가족이란 무엇인지, 부모와 친구는 어떤 의미인지 하나씩 생각해 나가기 시작한다.

우리가 '생각이 완성되지 않았다'라고 하는 그들은 어찌 보면 우리 기성세대보다 열린 사고와 무궁무진한 에너지를 가진 이들이다. 그리고 이 시기에 자신의 꿈에 대해서 생각하고 고민하는 기회를 가져야 한다. 성인이 되어서 우리가 방황하는 이유 중 하나는 어릴 적 충분한 고민의 과정을 거치지 못했기 때문이다. 고민이 없으면 성인이 되어서도 방황하게 된다. 이 방황이 긴 시간을 필요로 하게 된다면, 인생에 있어서 상당 부분의 시간을 허비하게 될 것이다.

명확한 목표 설정과 그것을 위한 고민은 삶을 보다 의미 있고 가치 있게 만들어 주는 재료가 된다.

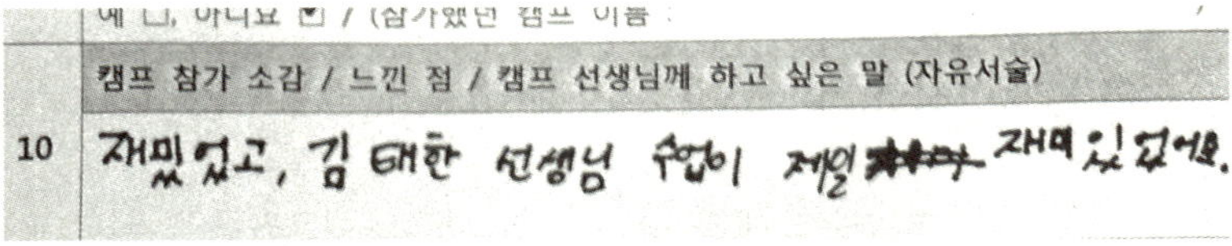

| 10 | 캠프 참가 소감 / 느낀 점 / 캠프 선생님께 하고 싶은 말 (자유서술) |
| --- | --- |
| | 재밌었고, 김태한 선생님 수업이 제일 재미있었어요. |

이 글 하나면 마음이 배부르다.

### 5) 창의(創意), 관찰(觀察), 잉여(剩餘)

"사회학자들은 지난 20만 년간의 인류 문명 발전이 그동안 이 땅에 살아온 모든 인류의 노력의 결과라고 말한다. 이것은 모든 인류에 경의를 표하는 우아한 시각이지만 진실은 아니다. 지금까지 문명과 문화의 발달은 0.1퍼센트의 창의적 인간이 다른 사람은 생각하지 못하는 것을 생각하고, 다른 사람은 꿈꾸지 않는 것을 꿈꾸며, 모두가 보지 못하는 어두운 곳에 깃발을 꽂고 이곳이 젖과 꿀이 흐르는 새로운 땅이라고 외치면, 0.9퍼센트의 안목 있는 인간만이 그것을 알아보고 그들과 협력하고 후원하며 새로운 문명을 건설한 결과다. 나머지 99퍼센트는 이 1퍼센트가 모든 것의 기초를 닦고, 새로운 계단을 놓고 난 다음에야 비로소 그 위에 올라와 세상 참 많이 달라졌다는 감탄사를 연발하며 또다시 그곳에 안주한다."

– 제레미 리프킨, 〈Entropy〉 –

창의성을 키우라는 주문이 많은 시대이다. 너도 나도 창의력이 마치 마법의 주문인 것마냥 떠들어대는 시대다. 창의력은 하늘에서 뚝 떨어지는 것이 아니다. 또한 무(無)에서 유(有)를 창조해 내는 것 또한 아니다. 물이 없으면 컵이 없고, 바다가 없으면 배가 없듯이 우리가 알고 있는 보통 타당한 이론을 다른 관점에서 볼 때 우리는 그것을 창의성이라고 한다.

나는 창의(創意)의 시작은 직관(直觀)과 통찰(洞察)이라고 본다. 직관은 대상을 직접적으로 파악하는 작용이며 통찰은 예리한 관찰력으로 사물을 꿰뚫어 보는 것이다. 직관의 관(觀) 자와 통찰의 찰(察)을 합친 관찰(觀察)이란 단어는 말 그대로 보고 살핀다는 말이다. 주어진 상황에 대해서 곰곰이 생각하고 하나하나 뜯어가며 사물을 살피는 것이다. 이러한 훈련이 반복적으로 된다면 우리가 생각했던 객관의 상황이 바뀌게 되는 것이다.

경제학자, 사회학자인 제레미 리프킨은 역사는 철저하게 1%의 사람들에 의해서 주도되었다고 주장한다. 그는 0.1%에 속한 사람들은 천재적 재능을 가지고 있는 사람들이며, 0.9% 사람들은 0.1%의 천재적 재능을 가진 사람을 알아보는 통찰력 있는 사람들이라고 했다. 그리고 0.1%를 전혀 알아차리지 못하는 99%의 사람들은 잉여 인간, 즉 자신의 의지와 상관없이 흐름 속에 무의식으로 자신을 남겨 놓는 사람들이라는 뜻으로 유기 물질(Organic Material)로 규정하여 99%의 사람들은 평생 군중 심리에 이끌려서 이리저리 끌려다니다가 결국 생을 마감한다는 이야기다.

1903년 헨리 포드는 자동차라는 물건을 발명했다. 그리고 그 헨리 포드의 사업에서 아이디어를 얻은 록펠러는 미국 역사상 전무후무한 부(富)를 정유 사업으로 일구어 냈다. 제레미 리프킨에 따르면 자동차를 발명해 낸 헨리 포드는 0.1%의 창의적 생각을 가지고 있는 사람이며 록펠러는 그 아이디어의 뛰어남을 관찰해낸 통찰력이 있는 사람이고 나머지 99%의 사람들은 아이디어 자동차의 편리성만 즐기는 잉여 인간이다.

록펠러는 온 국민이 비웃었던 헨리 포드의 자동차를 보면서 "이제 곧 자동차가 온 세계를 휩쓸 것이다."라고 생각하였고, 전 재산을 털어서 주유소를 세우기 시작하였다. 아직 헨리 포드의 자동차 회사에서 자동차들이 대량생산되기도 전에 미국의 주요 도시의 목 좋은 곳에 주유소를 세운 것이다. 어찌 보면, 자동차 숫자보다 더 많은 주유소가 세워지기 시작한 것이다. 신문과 라디오 및 모든 여론과 국민이 "틀렸다"라고 말하는 상황 속에서, 아무도 헨리 포드의 자동차를 보면서 투자를 생각지 않은 상황 속에서, 그는 꾸준히 정유업에 투자를 하였다. 99%의 사람들은 자동차가 지나다니지 않는 길에 주유소를 세우는 0.9%의 사람의 결정을 불안한 시선으로 바라보았다. 마차 길 위에 주유소를 세우는 것, 이것이 0.9%의 통찰력이다. 얼마 안 돼서 0.9%에 속한 사람의 통찰력은 정확하게 들어맞았다. 헨리 포드는 대량생산 시스템을 구축했고, 이후 자동차들이 저가로 쏟아져 나오게 되었다. 결국 그 당시 길거리를 가득 메우고 다니던 말과 마차를 헨리 포드의 자동차들이 내몰아 버렸다. 결국 록펠러는 미 전국 주유소의 94%를 독점하게 되었다. 0.1%와 0.9%와 99%, 이것이 세상의 역사를 움직이는 공식이다. 0.1%의 사람과 0.9%의 사람들의 결합을 통하여 세상이 변화되고 역사가 흘러가는 것이다.

99%의 사람들은 0.1%와 0.9% 사람들의 비전을 이해하지 못한 채 무시하고 조롱하면서 살다 간다. 이 세상의 역사는 천재적 0.1%

에 속한 사람과 그것을 알아보는 0.9%의 통찰력 있는 사람들에 의해서 움직여 나가는 것이다. 나머지 99%는 그들의 사상과 진리를 무시하거나 반대하거나 그 의미를 알지 못한 채 살아가는 사람들이다. 그들은 그저 내가 오늘 얼마를 벌고, 다음 달에 월급이 얼마나 올라갈 것인가에 모든 관심을 집중시킨 채 살다가 죽어 간다.

시선을 돌려 국내를 보자. 2012년 선풍적인 인기를 끌었던 "신사의 품격"이라는 드라마가 있다. 개인적으로 TV를 잘 보진 않지만 이 드라마는 재미있어서 꼭 챙겨 보았던 기억이 있다. 드라마에서 주인공인 장동건의 직업은 건축사무소 소장이었다. 번쩍번쩍하는 외제차를 타고 다니며 한눈에 보아도 고가인 수트를 입고 건축소장의 역할을 훌륭히 해냈다. 드라마가 종영한 뒤 재밌는 현상 중에 한 가지는 그해 대입에서 건축 관련 학과의 경쟁률이 다른 해보다 높게 나타난 것이었다.

드라마에 영향을 받은 20살 "장동건" 학생이 그해 대입에 건축과를 입학했다고 가정해보자. 대학 졸업까지는 4년이 남았을 것이고, 군대를 다녀오면 26살이 될 것이다. 취업을 한 번에 한다고 가정했을 때 장동건은 27살쯤 되었을 것이고 건축사무소 소장이 되었을 때에는 10년이 지난 37살 정도가 될 것이다. 물론 극단적으로 생각을 했을 때이지만 20살 때 단지 멋이 있다는 이유만으로 17년 뒤의 인생을 쉽게 결정한다면 매우 안타까운 일일 것이다.(물론 관련 일에 충분한 고민과 적성이 있는 경우는 제외한다.)

옛날 어느 마을에서 최고의 목수를 뽑는 대회가 열렸다. 진행자는 마지막 남은 두 명의 목수에게 같은 도끼를 주며 같은 크기의 나무를 주어진 시간 안에 쓰러뜨리라고 했다. 첫 번째 목수는 이야기를 듣자마자 서둘러 나무에 도끼질을 시작했고 나머지 한 명은 그 말과 동시에 도끼의 날을 갈았다. 한참 동안 날을 간 목수는 나무 주위를 돌며 나무를 살피기 시작했다. 제한된 시간이 다 돼갈 무렵 두 번째 목수는 나무의 한 지점을 있는 힘껏 내리쳤다. 그 나무는 몇 번의 도끼질에 두 동강이 났다고 한다.

아무런 관찰과 생각 없이 나무를 내리친 첫 번째 목수와 달리 두 번째 목수는 도끼의 날을 날카롭게 다듬는 작업과 나무의 중심과 약한 부분을 세밀하게 관찰함으로써 적은 힘을 들이고도 나무를 넘어뜨릴 수 있었다. 결국 생각과 관찰의 결과다.

가끔 덜렁대는 나의 성격이 원망스러울 때가 많다. 허둥대며 통화를 하며 핸드폰을 찾는 경우도 있고, 자동차 뒷자리에 놓아두었던 옷을 깜박하고 온 집 안을 헤집어 놓기도 한다. 또 어떤 때에는 가을의 불타는 단풍을 보지도 못하고 한 계절을 지나쳐 자연의 멋진 선물을 놓치기도 한다. 조금만 신경 쓰고 관찰했다면 무료로 즐길 수 있는 아름다운 풍경이었을 것이다.

무심코 지나친 한 송이의 꽃에서부터 인생의 행복이 시작될 수 있다. 주어진 시간이라는 공정한 선물을 어떻게 사용할 것인가는 개인의 문제일 수 있다. 또한 변화 여부에 대한 문제도 어디까지나

개인이 선택해야 할 일이다.

하지만 변화하고자 한다면, 변화의 흐름에 주도자가 되고자 한다면 자신에 대한 통렬한 관찰과 다른 시각의 수용이 필요하다. 상황이 변하지 않는다 주저앉지 말고 상황에 대한 해석을 달리해보는 것도 필요할 것이다. 변화가 있는 삶은 살아볼 만한 가치가 있다.

## 6) 기타 1

능숙하진 않지만 기타를 좋아한다.

나는 기타를 좋아한다. 코드에 맞추어 줄을 긁어냈을 때 부르고 싶은 노래와 맞는 음이 나올 때면 오래된 친구를 만난 듯 반갑다. 우리나라의 명곡들은 대부분 3가지 코드만 잡을 수 있다면 제법 잘 튕기는 흉내를 낼 수 있다는 것도 기타를 좋아하게 만든 이유 중 하나이다.

나는 무엇인가를 배울 때 치열하게 파고들지 않았다. 그런 나를 보고 다른 사람들은 끈기가 없다고 이야기한다. 끈기가 없다는 말은 어렸을 때부터 지겹도록 들어왔던 말 중에 하나다. 그래서 기타를 잡은 지 5년이 다 되어 감에도 완벽하게 완곡할 수 있는 곡이 몇 곡 되지 않는다. 가까운 지인들은 나의 완곡을 한번 들어보는 게 소원일 정도라 한다. 변명 같지만 지금이 딱 좋다.

직장 생활 3년 차에 접어들었을 때에는 모든 업무가 익숙해질 대로 익숙해졌고, 오늘의 업무는 어제와 같았고 내일도 같았다. 그렇다고 업무의 양이 줄어들지도 않았다. 업무를 마무리하기 위해 토요일에 출근하는 것은 당연하다고 생각했고 토요일에 출근하며 일요일은 점심은 뭘 먹을까 고민하는 것이 일상이 되었다. 일요일 저녁 개그콘서트의 '빠바빰~' 소리는 전쟁 같은 월요일의 서막을 알리는 알람같이 들리며 가슴은 답답해졌다. 예정되었던 가족, 친구, 연인의 주중 약속은 일 때문에 미뤄지거나 취소되기 일쑤였다. 무엇을 하든 일이 우선인 삶이 수년간 반복되어갔다.

'타닥……. 타다닥……. 타다다다다…….'

창문을 때리는 빗소리가 거세질 무렵의 일요일 아침이었다. 무거운 눈꺼풀을 위로 밀어 올려 눈을 떠보니 하늘은 먹칠을 한 듯 깜깜했고 억수로 퍼붓는 소나기에 앞이 안 보일 지경인 날이었다.

한동안 멍하니 있다가 갑자기 한마디가 툭 튀어나왔다.

"아, 회사 가기 싫다."

진심이었다. 내가 그렇게 갈망하고 원하던 취업의 관문 끝에 입사한 회사는 어느새 나를 죄어오는 존재가 되어 매일 목을 짓누르며 다가오고 있었다. 일이 우선인 삶이 되어 있었고 일 때문에 정작 나의 삶은 뒷전이었다. 할 수만 있다면 '회사'라는 곳을 백수 시절 간절히 원했던 열정의 시절로 되돌리고 싶었다.

기타를 연주하고 싶었다. 가만히 앉아서 내가 긁어내는 소리에 노래 한 소절 얹고 싶었다. 그렇게 하면 왠지 마음이 안정이 될 것 같았다. 그게 다였다.

생각이 그곳에 미치자 신속하게 옷을 입고 버스 정류장으로 향했다. 생각을 깊게 하지도 않았다. 하늘은 아직도 먹물을 머금고 있고 퍼붓는 소나기는 바람과 뒤섞여 금세 내 옷을 적셨다. 인사동에 위치한 낙원 상가에 도착했을 때에는 물에 빠진 생쥐 꼴이 됐다. 기타에 대한 정보가 없었기에 아무 상점에나 들어가 눈에 들어오는 것을 집어 들었다. 구매는 5분도 걸리지 않았다.

기타를 들쳐 메고 나와 상가 앞 쇼윈도에 내 모습을 비춰보았다. 등에 메어진 생전 처음 보는 물건에 왠지 무언가가 시작된 것마냥 들뜬 기분이 들었다.

그길로 집에 돌아오자마자 화장실에서 코드를 연습하기 시작했다. 그해 겨울까지 C코드 하나만 주야장천 연습했다.

그날 이후 회사 캐비닛에 기타를 넣어 놓고는 점심시간과 일과시간 이후에 연습을 했다. 코드대로 줄을 튕겨냈을 때 목소리를 얻을 수 있다는 생각이 기분을 좋게 했다. 아마 음악을 하는 이유도 그곳에 있지 않을까 싶긴 했다.

연습은 마음에 압박이 갈 정도로 하지는 않았고 질릴 때 즈음이면 한동안 기타를 내려놓았고 다시 연주하고 싶어지면 기타를 들었다. 굳은살이 박이지 않는 만큼 기타를 즐기며 연주했다.

이 조그만 일은 회사 업무에 대한 압박을 조금이나마 내려놓을 수 있는 계기가 되었다. 즐겁지 못한 삶은 무의미하다. 일과 즐거움의 균형 있는 삶이 풍요로운 삶임을 깨달았다. '즐기며 일하는 것'이라는 중대한 모토를 주었고 그 결과 회사의 압박에서 조금은 자유로울 수 있었고 오랜 시간이 지나 퇴사까지 결심하게 해주었다.

만나는 많은 사람들이 회사를 나온 것이 불안하지 않으냐고 물어본다. 그러면 나는 뒤통수의 머리칼을 들춰 오백 원짜리만 한 원형 탈모를 보여 주며 이야기한다. 매우 스트레스 받고 불안하다고. 그럼에도 불구하고 지금이 좋은 것은 내가 하고 싶은 일을 하고 내가 퇴근하고 싶으면 언제든 퇴근할 수 있는 자유가 생겼다는 것이다.

선택의 몫은 각자에게 있겠지만 변화는 곧 두려움이라고 생각한다. 두려움이 없는 변화는 변화일 수가 없다. 정해진 목표를 향해 나아갈 뿐이다. 희미한 목표를 향해 나아간다는 것, 그것이 곧 나에게 창의고 즐거움이자 희망이다.

참! 얼마 전 처음으로 길거리 버스킹을 했다. 즐기는 삶을 좇아가며 살다 보니 삶은 가끔 나에게 소중한 추억을 선물해주기도 한다.

내가 버스킹이라니…….

## 7) 기타 2

얼마 전 공짜 연극표가 생겨서 오랜만에 대학로를 찾았다. 연구소의 운영과 글쓰기에 매진하다 보니 업무는 새벽을 넘기기 일쑤였고, 주말과 휴일 없이 내달리다 보니 몸과 마음이 이만저만 지친 것이 아니었다. 일과 여가의 균형 있는 삶을 추구하는 연구소의 이념에도 벗어난 생활이었다. 그래서 어느 날 오후 가방 하나 둘러메고 대학로를 찾았다.

오랜만에 찾은 대학로는 젊은 에너지로 가득 찼다. 여기저기서 깔깔대는 소리와 연극을 호객하는 사람들, 길거리 공연들로 대학로는 북적였다.

연극은 재미있었다. 배우들의 열연을 눈앞에서 보고 있자니 생생했고 긴장도 되며 한 시간 동안 넋을 잃고 빠져들었다. 온몸이 땀범벅이 된 그들의 모습을 보고 있자니 멋있고 그 열정에 두 손 들어 응원하고 박수를 보냈다.

연극이 끝나고 나니 이미 해는 저물어 사방이 어둑해졌다. 나는 한적한 편의점 야외 테이블에 자리 잡고 과자를 안주 삼아 캔 맥주를 마셨다. 가을 문턱의 바람은 시원했고 목을 타고 넘어가는 맥주의 탄산은 간지럽고 개운했다.

퇴사하며 앞으로 펼쳐질 인생에 여러 가지 계획을 세우고 할 일들을 정리하며 그 당시 유행하던 버킷리스트를 작성했던 적이 있다. 월 1,000만 원의 수익을 올릴 수 있는 플랫폼 만들기, 내 책 출판하기, 강연가 되기 등 수많은 리스트들을 적어가며 앞으로의 삶에 대한 의지를 불태웠다. 그 리스트 중 한 가지는 '길거리 버스킹'이었다. 앞서 말했지만 그동안 기타는 그저 한두 곡 정도만 연주할 수 있다면 다행이라고 생각했기에 달성은 빠른 시일 안에 오리라는 생각이 없이 천천히 즐기는 수준이었다.

시계를 보니 지하철 막차 시간이 다가오고 있어 자리를 정리하고 혜화역으로 발걸음을 옮겼다. 혜화역으로 가는 도중 마로니에 공원을 지나는데 한 중년의 남성이 50~60여 명의 사람들에게 둘러싸여 공연을 하고 있었다. 구겨진 흰색 모자 밑으로 검게 그을린 피부와 깊게 패인 주름, 후줄근한 카고 바지를 입은 그는 재치 있는 입담과 수준급의 기타연주, 노래 실력으로 지나가는 사람들의 발걸음을 잡았다. 평소 길거리 공연에 관심이 많던 나는 조금만 보고 가려고 발걸음을 멈추고 사람들 속 구석에 자리를 잡았다.

그는 평일에 공사현장에서 일용직으로 근무하고 주말이면 이곳을 찾아 길거리 버스킹을 즐긴다고 소개했다. 그것이 자신의 인생이고 유일한 낙이라 했다. 실제로 그의 표정은 매우 행복해 보였고 시종일관 얼굴엔 웃음이 떠나지 않았다.

한참을 넋을 잃고 흥겨운 음악에 다 같이 몸을 움직였고, 때로는 애절한 노래에 가슴 한편이 애잔하기도 했다. 그는 또 객석에 앉아 있는 사람들을 무대로 불러내어 인터뷰를 진행하기도 하고 원하는 노래에 반주를 해주며 흥겨운 무대를 이끌어 갔다. 진행 실력 또한 일품이어서 웃음이 끊이지 않는 시간이었다.

"네. 감사합니다. 아직도 머니박스는 배가 많이 고픈가 봐요. 주차비도 안 나오겠네요. 이러다가 오늘 집에 못 가겠습니다."

그의 익살에 웃음이 터져 나오며 여기저기서 머니박스에 공연비를 넣었다. 그리고 다시 다음 순서를 이어가려고 기타를 메고 무대로 걸어 나오는 순간, 객석에서 관객 한 명이 무대 위로 느리게 걸어 나왔다. 60세 정도로 보이는 그의 머리칼은 하얗게 세어 있었고 옷의 이곳저곳은 얼룩과 구멍이 뚫려 있었다. 얼굴은 검게 그을려 있었고 벌어진 입술 사이로 몇 개 남지 않은 치아가 눈에 들어왔다. 한눈에 보아도 필시 노숙인의 모습이었다. 노래하려던 남자는 연주를 멈추고 당황한 기색을 보이며 말을 했다.

"무슨 일 있나요?"

나뭇가지 같은 팔을 간신히 들어 올리며 마이크를 달라는 시늉을 했고 연주자는 마이크를 건네주었다. 몇 개 없는 치아들 사이로 바람이 새어나오며 그가 어눌하게 말을 시작했다.

"안…녀하셰…여. 제가 여기… 어마와 와쓰니다. 어마가 기과안 서억 좋아하느데 너무 아프 사라은 사라이 아니어쓰믈 하번마 부타 하니다.(안녕하세요. 제가 여기 엄마와 왔습니다. 엄마가 김광석을 좋아하는데 너무 아픈 사랑은 사랑이 아니었음을 한번만 부탁합니다.)"

검지를 펴 보이며 부탁하는 그의 눈빛이 간절해 보였다.

그가 가리킨 쪽에는 팔순 즈음으로 보이는 노모가 보였다. 그녀는 말라버린 장작 같았다. 앉아 있을 기력조차 없어 보였고 잘 들리지 않는 듯 고개를 푹 숙이고 있었다.

"아, 어머님께 김광석 노래를 불러 달라는 말씀이군요. 혹시 불러주실 분 안 계신가요? 이번 노래는 관객분들 중에서 한 분이 하셨으면 좋겠는데. 어디 보자. 아! 거기 모자 거꾸로 쓰신 분! 부탁해도 될까요?"

그가 나를 지목하며 말했다. 일제히 시선이 나에게 쏠렸다. 세차게 도리질을 했지만 그는 본체만체했다.

"자! 무대 위로 모시겠습니다!"

관객들은 환호와 함께 우레와 같은 박수를 쳤고, 나가지 않으면 애매한 분위기가 될 것 같은 상황이었다. 무겁게 일어나 무대로 걸어 나갔다. 심장은 방망이로 두드리는 것마냥 요동을 치고 있었고 머릿속은 하얘졌다. 오래전 버킷리스트에 적어 놓긴 했지만 그 순간이 이렇게 급하게 올 줄은 몰랐다. 앉자마자 진행자는 마이크에 대고 이야기했다.

"저는 배가 고파서 잠시 편의점에서 저녁을 먹고 오겠습니다. 제가 오기 전까지 이 분이 노래와 진행을 해 주시겠습니다. 자, 박수!"

라고 말하고는 내가 뭐라고 할 새도 없이 머니박스와 앰프, 모든 짐을 놔둔 채 편의점 쪽으로 뛰어갔다. 처음 본 나에게 무대를 맡기고 가는 것에 놀랐고, 모든 짐들, 심지어 머니박스의 돈까지도 놓고 가는 그의 모습에 깜짝 놀랐다.

자리를 잡고 기타를 빌려 앉았다. 기타를 들고 사람들 앞에 서 보기는 처음인지라 긴장이 심해져서 그 쉬운 G코드를 순간 까먹었다. 주머니에서 핸드폰을 꺼내 코드를 검색한 후 다시 연주하기 시작했다.

"그대 보내고 멀리. 가을 새와 작별하듯……."

긴장을 해서인지 가사를 까먹었다.

"죄송합니다. 다시 하겠습니다."

심호흡을 한 후 눈을 감아 버렸다. 사람들이 안 보이니 한결 마음이 편해졌다.

"그대 보내고 멀리. 가을 새와 작별하듯."

이내 긴장이 조금씩 풀렸고 음정은 자리를 잡아갔다. 눈을 살짝 떠보니 눈앞에 서로의 어깨를 맞댄 연인, 손을 잡고 있는 노부부, 코스프레를 한 여성의 모습이 차례로 두 눈에 들어왔다. 마지막으로 내 옆에 머리를 감싸 쥐고 흐느끼는 그의 모습이 눈에 들어왔다. 어깨는 흐느낌으로 들썩였다. 아마도 어머니가 좋아하는 노래를 들려주었음에 눈물이 났으리라. 그런 그에게 노래를 해줄 수 있음에 훌륭하진 않지만 최선을 다했다.

곡이 끝나자 그는 나에게 다가와 시커먼 손으로 손을 덥석 잡으며 이야기했다.

"감사하니다…… 감사하니다…… 흐… 흐흑…."

그의 눈에서는 눈물이 흐르고 있었다. 연신 고맙다고 머리를 숙이며 인사를 했다. 그러고는 노모를 부축하고는 인파 속으로 서서히 멀어졌다.

그날 나는 그에게 필요한 존재가 되었었고, 간절한 사람이 되었었다. 그를 통해 나도 남을 위해서 무언가를 할 수 있는 존재임을 알게 되었다. 남을 위한 '쓸모'가 있는 사람이라는 것이 그날을 행복하게 했다. 끊겨버린 지하철에 잡아탄 택시의 택시비 3만 원이 아깝지 않은 하루이었다.

이 글을 빌어 다시 한 번 나의 노래를 들어준 그에게 감사를 표한다.

## 8) 체력

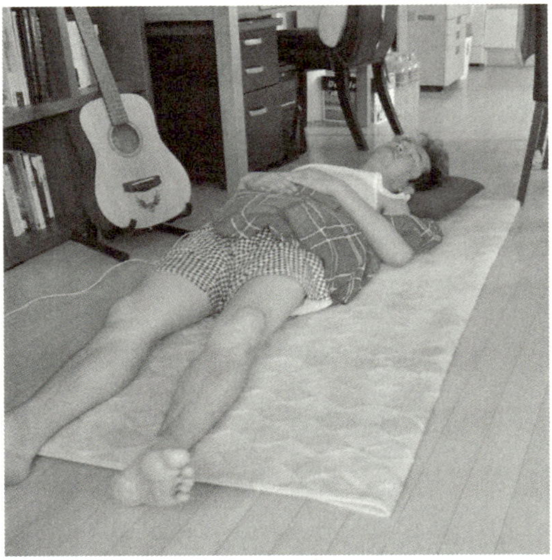

'건강한 신체에 건강한 정신이 깃든다.(A healthy mind in a healthy body)'

고대 로마 시인이었던 유베날리스는 위와 같이 말했다. 아주 오래 전부터 건강을 챙겼던 것을 보면 체력의 중요함은 새삼스럽지 않다.

얼마 전 종영한 '미생'이라는 드라마를 보면 체력에 대해서 이렇게 나온다.

"체력을 먼저 길러라. 네가 종종 후반에 무너지는 이유, 데미지를 입은 후에 회복이 더딘 이유, 실수한 후 복구가 느린 이유. 다

체력의 한계 때문이야. 체력이 약하면 빨리 편안함을 찾게 되고 그러면 인내심이 떨어지고 승부 따위는 상관없는 지경에 이르지. 이기고 싶다면 네 고민을 충분히 견뎌줄 몸을 먼저 만들어. 정신력은 체력의 보호 없이는 구호밖에 안 돼."

많은 사람들의 공감을 불러일으킨 대사가 아닌가 생각한다.

나는 어릴 적부터 선천적으로 몸이 허약한 아이였다. 툭하면 코피를 흘리고 뼈는 빼빼로마냥 툭툭 부러지곤 했다. 아직도 오래전 부러진 왼쪽 새끼손가락은 접는 데 불편함을 느끼고 오른쪽 손뼈는 어긋나 있어 불편함을 느끼곤 한다. 십 대에는 춤에 빠져서 학교 수업시간 이외에는 춤추는 것에 매진했다. 격렬한 춤은 몸을 성한 곳이 없게 만들었고 결국 지금까지 오른쪽 손목이 잘 접히지 않는 상처를 남겼다.

혈기왕성한 이십 대가 되었을 땐 고질적인 허리통증으로 인해서 운동 한 번 하고 나면 사나흘은 방구석에 누워 있곤 했다. 끈질긴 통증에 병원을 찾으니 더 이상 허리에 무리가 가는 운동은 하지 말라며 의사 선생님은 서른 이전엔 허리를 못 쓸 것이니 그리 알라고 했다. 지금 생각해보면 등골이 오싹하다. 이렇게 살다가는 큰일 나겠다 싶어 이십 대 중반 헬스에 등록하고는 꾸준히 운동에 매진했다.

그 결과 운동을 시작하고 1년여가 지났을 즈음에는 허리 근육이 탄탄해져서 더 이상 허리 통증이 없었고 근육들로 다져진 몸은 옷태를 더욱 멋지게 해주었다.

하지만 꽃이 1년 내내 아름답지 않듯, 그렇게 자만한 나는 이십 대 후반부터 회사원이라는 이유로 운동보다는 음주가무에 능한 사람으로 다시 태어났다. 흔들며 드는 탬버린 횟수만큼 소주잔을 들었으며, 집으로 돌아온 뒤에는 허기짐에 라면을 2개씩 먹고 잠이 들곤 했다. 배는 임산부마냥 나날이 불러왔다.

음주가무에 능한 것은 일시적으로 대인관계에 도움을 주었지만 실상 인간관계에는 아무런 도움이 되지 않았다. 회식 자리에서 오가는 이야기는 똑같은 레퍼토리의 반복이었고 남의 뒷담화 그 이상도 그 이하도 아니었다.

떨어진 체력은 업무에도 지장을 주어서 다음 날 실수를 연발하기 일쑤였고 몸은 늘어진 엿가락 같았다. 그 와중에도 머릿속은 항상 언제든 이십 대로 돌아갈 수 있다고 생각하고 있었다.

어느 날 좋은 일요일 낮, 베짱이마냥 누워서 이리저리 TV를 돌려 보다가 우연히 이종격투기를 시청하게 되었다. 화면 속의 두 사람은 답답하게 경기를 이끌어 나갔다. 툭하면 눕기 일쑤였다. 내가 더 잘할 것 같았다. 생각이 거기에 미치자 '한번 배워볼까?'라는 생각이 들었고 나는 자리에서 벌떡 일어나 인터넷으로 동네에 격투기 체육관을 찾아봤다.

'○○○ 주짓수! 당신을 최강으로 만들어 드립니다!'

자극적인 문구가 나를 유혹했다. 그길로 달려가 6개월을 등록했다.

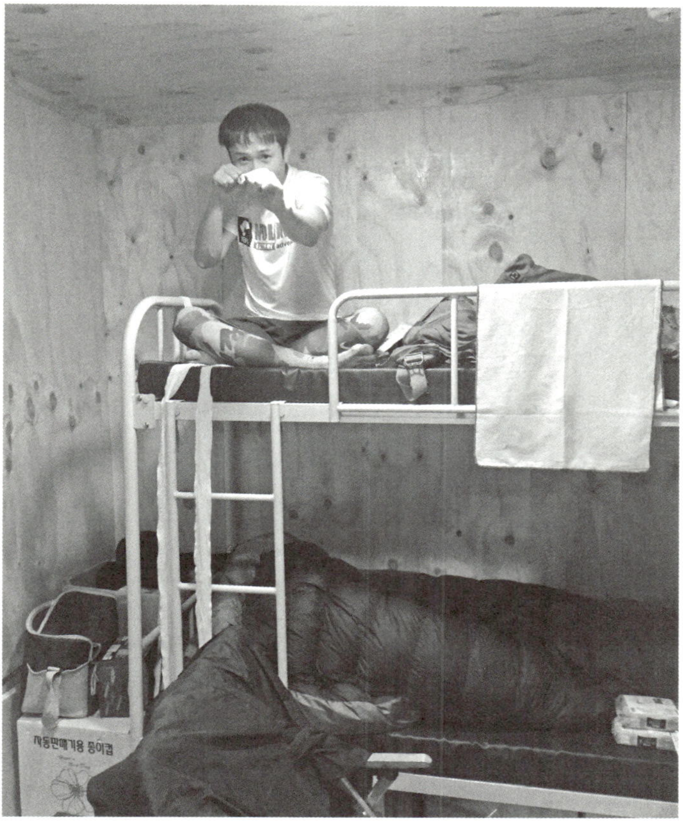

시작 일주일 차. 이때는 누구든지 이길 수 있을 것 같았다.

실로 수년 만의 운동이었다. 결국 상상 운동만 하고 과거의 기억에 머물러 있던 나는 고등학생과의 스파링에서 패배와 함께 근육이 찢어지는 부상(의사선생님은 처음 나의 엑스레이 사진을 보고 큰 차에 치었냐고 물어보셨을 정도였다)까지 덤으로 얻어서 병원에 입원하기 까지 이르렀다.

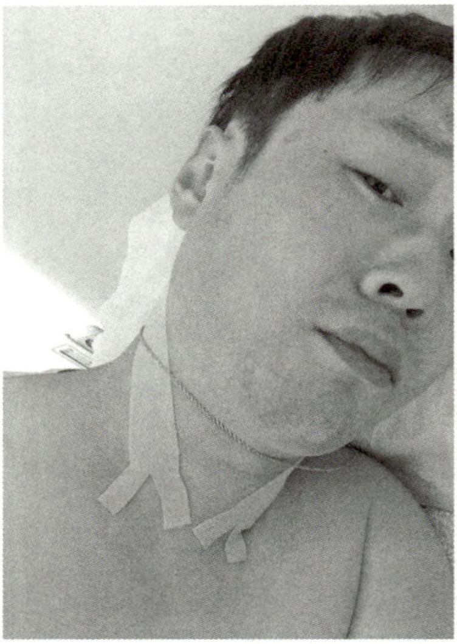

세상은 넓고 나보다 강한 사람은 많다.

얼마 전 사무실을 옮겼더니 건물 1층에 입주민들을 위한 피트니스센터가 있어서 단숨에 결제를 하고 운동을 시작했다. 하지만 또 한 번 의욕이 과했던 탓인지 운동을 시작한 지 10분 만에 허리를 삐끗하고는 며칠 동안 병원 신세를 져야만 했다.

많은 사람들이 목표를 정한 뒤에는 빠른 시간 안에 결과를 내고자 한다. 그게 사람의 심리다. 결정한 그 순간부터 효과가 나타나길 바라며 시행착오가 없기를 바란다.

나 역시도 글을 쓰기 시작한 시점부터 내가 대단한 작가가 된 착각에 빠졌고 그런 마음으로 쓴 글을 SNS에 올리며 흐뭇했던 적도 있었다. 얼마 전 다시 읽어보니 무슨 말인지도 모르겠고 심지어 맞춤법도 잘못되어 있었다.

타인이 읽어서 좋은 글, 감동이 있는 글은 필자 스스로가 수없는 변태의 과정과 관찰을 거쳐야 비로소 한 줄의 통찰 있는 문장으로 표현되는 것이다. 이것은 하루아침에 되는 것이 아니다.

다시 체력 이야기로 돌아가 보자. 만약 올 여름 조각 같은 식스팩을 갖고 싶다면 여름휴가가 다 될 무렵 운동을 시작하면 실패할 확률이 매우 높다.

따뜻한 이불 속에서 나가기 싫은 추운 겨울, 게으름을 이겨내고 헬스장으로 향하는 발걸음을 옮기는 결심부터 필요할 것이다. 그리고 묵묵히, 꾸준히 운동을 해나가는 과정이 필요할 것이다. 철저한 나와의 싸움인 것이다. 정해진 운동을 수없이 반복해야 할 것이고, 거절하기 어려운 저녁 야식의 유혹에서 벗어나야 할 것이다. 그렇게 수개월에 걸친 인고 끝에 원하던 것들을 얻을 수 있을 것이다. 원하는 것은 이렇게 얻는 것이다. 어느 날 하늘에서 뚝 떨어지는 것이 아니다.

체력을 기르자. 몰려오는 세상의 시련에도 굳건히 견딜 수 있는 체력을 기르자. 우리 삶의 목표도 마찬가지다. 조금씩 쌓아 가면 결국에는 내가 생각한 목표에 이를 수 있게 된다. 조급해하지 말자. 이것은 매일 나에게도 되뇌는 주문이다. 조급해하지 말고 퇴보하지 않음에 감사하자. 멈춰있음은 또 다른 전진이다. 그대는 지금 충분히 멋지게 정지하고 있으며 정진하고 있다.

# 특별한 보통의 존재

chapter 3

## 1) 나는 그렇게 될 것이다

지금껏 나는 스스로를 보통의 존재로 여겨오며 매 순간 멈추기를 반복하는 삶을 살았다. 그러나 결국 '나'라는 사람은 누구와도 대체될 수 없는 특별한 존재임을 알았고, 오늘도 그 존재가 되기 위해 매일 정진하려 하고 있다. 내가 특별한 존재임을 알게 해준 한 사람을 소개하고자 한다.

2013년 4월, 59세라는 젊은 나이에 그는 우리 곁을 떠나 근심, 걱정이 없는 영원한 세계로 돌아갔다. 1997년 어느 날 세상에 나타나 사람들의 생각을 일깨워 주었고 낯선 곳에서 아침을 맞으라던 이야기는 익숙한 것과의 결별을 통해 새로운 세상으로 우리 곁을 떠났다. 구본형은 대학에서 사학과 경영학을 공부한 뒤 1980년부터 한국 IBM에서 근무하면서 경영 혁신의 기획과 실무를 총괄했고, IBM 본사와 말콤 볼드리지 국제 평가관으로 아시아 태평양 지역 조직의 경영 혁신과 성과를 컨설팅했다. 구본형 변화연구소를 운영하면서 무료 개인 대학을 열어 평범한 인물들의 위대한 잠재력을 발굴하고 육성하는 작업에 주력했다. 그의 명함 한 켠에는 "어제보다 아름다워지려는 사람을 돕습니다"라는 그의 인생철학이 적혀 있다.

그는 눈물이 떨어질 만큼 감동적인 작품을 쓰는 작가도 아니었고, 화려한 언변으로 대중을 호리는 강연가도 아니었다. 그저 잔잔하고 묵묵한 목소리로 어제보다 아름다워지려는 사람들을 향해 이야기하곤 했다. 그의 책은 삶의 전환점을 찾는 사람들을 위한 변화 도화선이라고 불리는 것이 옳다고 보며 나에게 그의 저서는 자기계발서라기보다는 한 편의 시다.

그는 자신의 하루는 22시간이라고 말했다. 책의 곳곳에는 자기 자신이 정말 좋아하는, 삶을 향한 변화를 위해서는 세상이 깨어나기 전 새벽 2시간을 자신을 위해 투자하는 것이 중요한 출발점이며, 이것이 인생 최고의 투자라고 했다. 1998년 첫 저서인 〈익숙한 것과의 결별〉을 시작으로 15년 동안 무려 20여 권의 책을 썼다.

우연찮게 접한 그의 저서 '나는 이렇게 될 것이다.'라는 책은 내 인생을 다시 설계하는 것에 큰 도움을 준 책이다.

'사람'과 '변화'에 몰두하며 자기 경영에 매진한다는 그는 변화를 원하는 나에게 스승이 되었고 그의 한마디 한마디는 내 인생의 중요한 지침이 되었다. 그래서인지 이 책에는 그의 말투와 의지의 흔적이 묻어 있다.

종종 중고 서점에 가곤 한다. 책을 저렴하게 구매할 수 있다는 장점도 있지만 가끔씩은 의외의 책을 발견하는 재미가 있기 때문이다.

그날도 그런 날이었다. 중고 서점에서 이리저리 책을 골라보던 중 눈에 그의 책 "오늘 눈부신 하루를 위하여"라는 책이 눈에 들어왔다. 주저 없이 골라 들고 첫 장을 펴보니 눈에 익숙한 필체의 서명이 적혀있었다. 단숨에 그의 육필임을 알아보고는 가슴이 요동쳤다. 누가 채갈까 봐 서둘러 계산을 하고 집으로 돌아와 그의 서명 부분이 행여나 지워질까 봐 테이프로 덧붙여 놓았다.

책 한 권에 적혀 있는 그의 육필이 나의 심장을 뛰게 만든다.

그의 인생철학인 어제보다 아름다워지려는 사람을 돕는 것처럼 나 또한 나의 인생철학을 정립하고 싶었다. 오랜 고심 끝에 '변화를 원하는 사람을 돕습니다'라는 인생철학을 세웠다. 변화에 대한 두려움 때문에 주저하는 사람들, 나 같은 사람들에게 힘을 주고 용기를 주고 싶었다.

변화를 위해 미루어 왔던 퇴사를 했다. '안전함'은 현재이며 그것을 벗어나는 '두려움'은 미래에 대한 도전이다. 사람들은 미지를 동경함과 동시에 두려움도 함께 느낀다. 그것이 사람이다. 우리는 머뭇거리며 그 자리에 머물러 있다. 변화를 원하지만 변화에 대한 두려움이 앞으로 나아감을 망설이게 만든다.

두려움은 매 순간 맞서는 것이다. 나 역시 마찬가지다. 매일 아침 나는 스스로에게 맞선다. 매 순간에 맞서는 도전과 용기의 점들이 모여 선을 만든다. 우리는 매 순간 싸우는 것을 맞이해야 한다. 두려움을 이기는 것은 끈질김이다.

변화에 끈질기게 대항하는 삶은 어제와 다른 삶을 설계할 수 있게 만든다. 변화는 곧 도전이자 발전이다. 변화에 대한 성공은 나 자신의 행복이며 이것이야말로 남을 행복하게 만들어 줄 수 있는 삶인 것임과 동시에 내가 가야 할 길임을 알게 되었다.

당연하다 여겼던 환경에서 벗어나 낯선 곳에 나를 두어야 또 다른 나의 모습으로 탈바꿈할 수 있다고 생각한다. 그래서 그의 책 '나는 이렇게 될 것이다.'의 서두에 적혀 있는 '나는 평범하고 초라한 사람들이 어느 날 자신을 일으켜 세우는 위대한 순간을 목격하고 싶다.'는 그의 말처럼 나와 같은 사람들에게 희망을 주는 사람 냄새가 나는 사람이 되고 싶다.

'사랑하라. 지독하게 사랑하라.
삶은 꽃과 같으니 오늘의 꽃은 오늘 따야 함을 잊지 마라.'

지독하게 나를 불태워야 오늘을 치열하게 보낼 수 있다. 오늘을 치열하게 보낸 사람은 과거에 얽매이지 않으며 미래에 집착하지 않을 수 있다. 그저 오늘 하루가 충실할 뿐이다. 항상 그의 말을 명심하며 남을 위해 살 것이다. 나는 그렇게 될 것이다.

## 2) 당당한 자신이 되어라

나는 A의 강의를 좋아한다. 직장인 시절 주기적으로 직원들의 복지를 위해 간혹 그에게 요청하여 강의를 진행하곤 했다. 나보다도 서너 살 밑이었던 그는 수년 전 20대 후반에 40~50대들을 대상으로 리더십 강의를 하곤 했다.

이렇듯 어린 나이이다 보니 청중들은 강의 시작 전에 항상 해볼 테면 해보라는 식으로 팔짱을 끼고 강의를 듣기 시작하는 것이 일쑤였다. 강의 담당자로서 초기에는 불안한 마음으로 섭외를 했지만 이제는 내가 손에 꼽는 명강사 중 한 명이다.

그날도 전국에서 모인 직원 연수가 있는 날이었다. 의무적으로 들어야만 하는 연수 3일차의 꿈에 대한 주제는 나조차도 제목에서부터 지루함을 느끼기에 충분했다.

드디어 강의가 시작되었고 그는 마이크를 들고 청중 앞에 섰다.

"여러분들, 제가 많이 어려 보이지요?"

사람들이 시큰둥한 반응을 보이자 그는 다시 말을 이어 간다.

"제가 여러분들 앞에서 강의하기에는 나이가 어릴 수 있지만 최대한 재미있게 그리고 열심히 하겠습니다."

그러고는 말을 이어나갔다.

"수년 전 저는 평범한 회사원이었습니다. 회사생활을 하면서도 풀리지 않는 갈증 같은 것이 있었습니다. 바로 대학생 때부터 야매로 해오던 강사라는 것이었습니다. 하지만 강사가 되려면 회사를 포기하고 완전히 강사에 몰입을 해야 했기 때문에 선택은 쉽지 않았습니다. 하지만 저는 결국 강사의 길을 선택했고 모든 직장 생활을 정리하고 회사를 퇴사했습니다. 하지만 막상 사회라는 곳에 나와 보니 철저히 차가운 세계였습니다. 그 누구도 먼저 손을 내밀어 주지 않았고 모든 것을 저 혼자 스스로 해 나가야만 했습니다. 처음 6개월 동안은 강의가 없어서 두렵기도 했습니다. 그래서 다시 회사로 돌아가야 하나라는 생각이 수없이 들기도 했습니다. 하지만 생각을 전환하니 마음이 편해졌습니다. 6개월은 강의가 없는 기간이 아니라 제가 강의를 준비하고 연습할 수 있는 시간이 주어졌다고 생각을 바꾸었습니다. 그 시간 이후로 저는 하루에 몇 시간씩 강의 자료 만들기와 저의 발음, 톤을 연습했고 캠코더로 찍어서 수백 번씩 돌려 보며 연습에 매진했습니다. 그렇게 6개월이 조금 지났을 즈음 저에게 5만 원짜리 강의 요청이 들어왔고 그날 저는 회사를 다니면서 느껴보지 못한 긴장과 희열을 느꼈습니다. 그리고 지금 가장 중요한 것은 제가 하고 싶은 것을 하며 살고 있다는 것이 제일 행복하다는 사실입니다."

강의 내용은 평범했다. 그러나 그의 눈에는 진심이 가득했고 목소리에는 행복함이 흘러나왔다. 그리고 말을 이어갔다.

"우리는 많은 걱정을 하며 살아갑니다. 40%는 일어나지 않은 일에 대한 걱정, 30%는 돌이킬 수 없는 과거의 결정에 대한 걱정,

12%는 질병에 걸리지 않을까 하는 걱정, 10%는 장성한 자녀들과 친구들에 대한 걱정입니다. 진짜 현실의 문제에 대한 걱정은 겨우 8%뿐이었다는 연구 결과가 있습니다. 즉 걱정의 92%는 걱정한다고 해결되는 일이 아닙니다."

청중들은 몰입하기 시작했고 강의가 종료된 후에는 많은 사람들이 그에게 좋은 강의였다며 인사를 했다.

사람들은 하루에도 수많은 걱정을 안고 살아간다. 행동에 대한 걱정, 선택에 대한 걱정. 나도 마찬가지다. 내가 선택한 것에 대해 끊임없이 의문이 들며 걱정을 한다. 그러고는 예상했던 실패에 대한 조짐이 보이면

'역시 이걸 하지 말았어야 했어.'라며 자괴감에 빠지곤 한다. 적당한 걱정은 매사에 대한 자세한 관찰을 해서 실수를 줄이게 하는 장점이 있지만, 지나친 걱정으로 인한 과도한 생각은 걱정을 위한 걱정을 하게 되어 결국 스스로 지쳐 다른 일을 하지 못하게 만드는 경우가 많다.

성공이 한 점이면 실패는 나머지 전부라 할 수 있다. 따라서 실패의 경험이 성공의 확률을 높이게 하므로 실패를 하더라도 우리는 그만큼 성공의 길에 다가서는 것이다. 결국 어떠한 선택도 옳다. 어떤 선택이든 최선을 다해 노력하는 것이 중요하고 그 선택이 틀리면 수정해가면 되는 것이다. 오히려 그 과정에서 단단해져 갈 것이다. 청년기의 선택은 언제나 옳다. 물러서야 될 이유가 없다. 나는

그 옳은 선택을 지키기 위하여 몇 가지 규칙을 만들어 철저하게 지키려 노력한다.

첫째, 나를 싫어하는 사람들의 마음을 돌이키려 하지 않는다. 지금껏 나를 싫어하는 사람들의 마음을 돌리려고 부단히 노력했었다. 그들의 눈 밖에 난다는 것이 매우 두려웠다. 그들 공동체의 일원이 되고자 했고 그 속에 있을 때 마음이 편안해지곤 했다. 아마 내가 주도적으로 생각할 필요가 없어서 그랬으리라. 그러다가 돌려지지 않는 그들의 마음에 스스로 상처를 받고 그 문제를 해결하려 적지 않은 시간을 소비했었다. 그러나 바꾸어 생각하면 세상은 넓다. 그리고 다양한 사람들이 공존하는 곳이 세상이다. 남은 인생의 30%는 잠을 자는 것에, 또 30%는 일하는 것에 쓰일 것이다. 결국 따져보면 20년 정도의 인생밖에 남지 않는 것이다. 그 소중한 시간을 나를 외면하는 사람들의 마음을 돌리는 것에 쓰기에는 인생이 매우 촉박하다.

둘째, 나는 여러 가지를 해낼 수 있는 다능인(多能人)이다. 살면서 내가 할 수 있는 것과 할 수 없는 것을 구분 지어 할 수 없는 것은 철저히 배제를 하며 살아왔다. 하지만 그 구분조차 내가 만들어 낸 제한선이자 허상이다. 그래서 지금 나는 무엇이든지 해낼 수 있다고 생각한다. 어렸을 적부터 어른들은 나에게 잡기가 많다고 하셨다. 그러면서 무엇이든 한 가지를 꾸준히 하지 못하고 이것저것 건드려 보다가 결국은 포기한다고 하셨다. 맞는 말이다. 학창 시절부터 무언가를 시작하면 꾸준히 하지 못하고 하다가 질리면 포기하곤 했다. 이러한 성격은 나를 점점 의기소침하게 만들었었다. 하지만 이러한 성격은 두루두루 경험을 해볼 수 있는 기회를 제공했다는 장점도 있다. 실제로 여러 경험들은 언젠가는 결국 쓰일 경험이었음을 느낀다.

셋째, 즐거움을 추구하는 것이다. 즐거움은 행복이다. 행복은 결국 스스로의 만족에서 비롯된다. 우리는 하고 싶은 일을 하고, 만나고 싶은 사람들을 만날 때 행복하다. 사고가 같은 사람과 일을 하는 것이 행복이다. 그것은 일을 하는 것이지만 동시에 노는 것이 된다. 그리고 그들과 여행을 가고 생각을 공유하는 것도 행복이다. 나이가 많건 적건 상관없다. 나와 맞으면 그만이다. 그래서 지금 나는 뜻이 맞는 사람들과 함께 생활하고 즐긴다. 나의 의견이 때로는 회사의 방향을 바꾸기도 하고 다른 사람의 생각이 회사의 운명을 바꾸기도 한다. 선택된 안건에 대해서는 최선을 다해 즐기며 치열하게 연구한다. 그것이 즐거움이며 행복이다.

넷째, 끊임없이 개발하는 것이다. 나는 지금 글을 쓰고 강연을 하지만 그것에 멈추어 있지는 않을 것이다. 뜻이 맞는 사람들과 여행도 갈 것이고 책도 읽을 것이다. 그리고 그 안에서 또 다른 프로그램을 만들어 여러 사람과 공유하고 즐길 것이다. 평생 글만 쓰고 강연만 한다면 언젠가 이 삶은 행복하지 않은 삶이 될 것이다. 즐길거리 개발은 결국 나를 위한 투자이다. 이 소중한 시간을 남을 위해 돈을 벌어다 주는 행위에만 소비하지는 않기를 바란다.

다섯째, 치열한 사랑을 하는 것이다. 사랑과 사람은 떠나면 돌아오지 않는다. 내일이 없을 것처럼 그 사람을 아껴주고 사랑하라. 지금의 그 사람이 그 누군가에게는 미칠 듯이 보고 싶고 만지고 싶은 사람일 수 있다.

삶은 내가 원하는 곳으로만 나아가지 않는다. 살다 보면 반드시 장애물을 만나고, 미칠 것 같은 좌절감에 빠질 것이다. 예상치 못한 것들과 섞여서 의외의 결과를 만들어 낼 때도 있고 잠시 나를 붙잡아 두기도 한다. 그러다 그것이 발전이라는 또 다른 이름으로 다가오는 것이 삶이다.

지금의 삶에 나는 감사하다. 아침에 마시는 커피 한잔에도 감사한다. 그 시간이 돌아오지 않을 것임을 알기에 소중하고 감사한 것이다. 이 소소한 감사와 행복, 즐거움이 모여 나의 일생의 후회 없는 삶이 되리라 확신한다.

### 3) 세상에 하고 싶은 일을 하다가 굶어 죽은 사람 있나

언젠가 본 스타의 강연에서 배우 박신양이 출연한 것을 본 적이 있다. 그의 연기를 좋아하는 터라 그의 강연을 관심 있게 시청했다. 한 청중이 그에게 질문을 했다. 인생이 힘들고 내 뜻대로 안 된다는 내용이 골자였다. 그 질문에 그는 이렇게 답했다.

"왜 당신의 인생이 힘들지 않아야 된다고 생각하십니까?"

그 대답을 듣고 적지 않게 충격을 받았다. 그리고 그는 말을 이어갔다.

"즐거울 때보다 힘들 때가 더 많은 것이 인생입니다. 그 힘든 것을 사랑하지 않으면 나는 나의 인생을 사랑하지 않는다는 뜻이라고 할 수도 있습니다. 힘든 시간을 사랑하는 법을 배우십시오."

그리고 그는 1996년 데뷔 이후 17년 동안 단 하루도 발성 연습을 쉰 적이 없다고 했다. 진정으로 원하는 것을 위해서 끈질기게 대항하고 도전하는 그의 노력에 감탄을 하며 시청을 했던 기억이 있다.

그의 강연이 끝나고 곰곰이 생각해보니 나는 지금까지 인생이 편하기만을 바랐고 큰 노력을 들이지 않아도 많은 돈을 벌기를 바랐다. 딱히 무엇이 되고 싶다거나 어떤 것을 해보고 싶은 것이 없었다. 설령 있다 하더라도 사력(死力)을 다해서 달려들지 않는 사람이었다. 스스로를 루저(Loser)라고 생각했다. 공부는 바닥을 헤맸고 어른들에게는 무시와 괄시를 받기 일쑤였다. 헤어진 연인에게 내가 잘할 테니 다시 한 번 기회를 달라 말 한번 해보지 못하고, 결국 다른 사람의 연인이 되어 버린 그 사람을 보고 나서야 어쩔 수 없었음을 스스로 합리화시키며 상황을 넘기곤 했다.

"그럼 하고 싶은 게 없는데 어떡해요!"라고 일갈하고는 방문을 쾅 닫고 들어갔다. 스물 서넛 즈음의 일이다. 앞으로 넌 뭐 해 먹고 살 거냐는 아버지의 물음에 그동안 쌓여왔던 감정이 폭발해버렸다. 그 뒤로 한동안, 아니 오랫동안 아버지와 대화를 하지 않았던 기억이 있다. 그날 부모님은 두 분이서 한숨을 연신 쉬시며 저 녀석을 어떻게 해야 하냐고 밤새 실랑이를 하시는 소리를 들었다. 그 소리에 가슴이 아프면서도 한 치도 나아지지 않는 내 자신이 원망스럽기도 했고 세상이 그렇게 만들었다며 듣지도 않는 세상에게 욕지거리를 퍼부었던 기억이 있다.

신은 반드시 나에게 한 가지 큰 장점을 주었다고 귀에 못이 박히도록 들어왔다. 내심 그 한 가지의 능력이 나타나기를 기다리며 나태하게 살았는지도 모르겠다.

지금 내 나이 서른다섯.

나는 아직도 나의 큰 장점이 무엇인지 잘 모르겠다. 지금 내가 가고 있는 이 길이 제대로 가고 있는 길인지도 모르겠다. 그렇게 나에게 나의 미래는 과거에도, 현재에도 불투명이다.

단 한 가지 분명한 것은 스스로 나의 삶을 주도적으로 살려고 한다는 것과 이러한 결정이 어떠한 식으로는 결판이 날 것이라는 것이다. 고민만 한다고 무엇이 해결되겠는가. 실행하고 실패하자. 실패는 또 다른 경험의 이름이다.

## 4) 자기 주도

연초에 1년 계획을 세운 지가 엊그제 같은데 정신을 차려보면 싸늘해지는 날씨에 두툼한 옷을 꺼내는 내 자신을 발견하곤 한다. 10대에는 10km, 20대에는 20km로 인생 속도가 느껴진다니 새삼스레 시간의 속도에 다시 한 번 놀란다. 어제 산 핸드폰은 오늘엔 구형이 되어 있고, 음악 방송의 신인 가수들은 이제 이름조차 외우기가 어렵다.

시간은 공기와 비슷한 점이 많다. 누구나 똑같이 가지고 있다는 점. 그러나 누구나 고마움을 느끼지 못한다는 점. 없으면 죽는다는 점 등이다.

이처럼 모든 것이 속도전인 이 시대에 느리게 행동하고 깊게 사고하는 것이 매우 필요하다고 본다. 블레즈 파스칼(Blaise Pascal, 1623~1662)은 『팡세(Pensées)』에서 "인간의 모든 불행은 고요한 방 안에 들어앉아 휴식할 줄 모르는 것"이라 하였다. 이는 어쩌면 현재를 살아가는 모든 사람의 불행일지도 모르겠다. 특히 우리나라는 다른 나라에 비해 모든 것이 속도와 경쟁으로 성장해 왔다고 할 수 있다.

이렇듯 초고속 성장과 치열한 경쟁 사회다 보니 사람들의 스트레스가 최고조에 이르렀고, 이제 인간의 본질과 자연 회귀적 삶에 대해 깊게 성찰해야 하는 시간이 필요하다고 나는 생각한다. 결국 느림을 통한 삶의 관찰과 시간의 효과적 관리는 매우 중요하다. 미국의 유명한 시간 관리 전문가의 일화를 소개하겠다.

미국의 한 주립대에 유명한 시간 관리 전문가가 대학생들에게 시간 관리의 중요성을 강연하기 위해 방문했다. 그는 강연이 시작되고 나서 교탁에 준비해온 투명한 어항을 올려놓았다. 그러고는 말했다.

"여러분, 저는 지금부터 이 어항을 가득 채워보겠습니다."라는 말과 함께 옆에 있던 주먹만 한 돌을 어항 가득히 채워 넣기 시작했다. 돌이 어항의 입구까지 차올랐을 때 그가 물었다.

"자, 이 어항은 가득 찼습니까?"

그러자 학생들은 답한다.

"돌 사이사이 빈 부분이 보이는데요?"

그리고 다시 전문가는 조약돌을 큼지막한 돌 사이사이로 넣는다. 조약돌을 모두 채워 넣은 다음 다시 물었다.

"이제는 가득 찼나요?"

"아니오, 조약돌 사이사이 빈 부분이 있습니다."

전문가는 또 다시 모래를 넣고 질문을 한다.

"이제는 가득 찼나요?"

"아니오, 모래와 모래 사이에도 미세한 틈이 있습니다."

이어 전문가는 준비한 물이 들어있는 주전자를 그 어항에 가득 채워 넣었다. 그리고 다시 묻는다.

"이젠 어항이 가득 찬 것 같나요?"

"네."

"제가 이 어항을 채움으로써 여러분께 어떤 이야기를 하고 싶어 하는 것 같습니까?"

이때 한 학생이 손을 들고 답했다.

"시간을 효율적으로 관리하는 법을 말씀하신 것 같습니다. 아무리 시간이 없다고 해도 자투리 시간들을 잘 활용한다면 효과적인 시간관리가 가능하다는 것을 말씀하고 싶은 듯합니다."

그러자 전문가가 답했다.

"아니오, 저는 그런 이야기를 하려고 하는 것이 아닙니다. 만약 이 투명 어항에 모래를 먼저 넣고 조약돌을 넣은 다음 큰 돌을 넣었다면 아마 큰 돌들은 절반도 들어가지 못하고 남을 것입니다."

그러고는 말을 이어갔다.

"만약 여러분들이 인생에 있어서 덜 중요한 것들, 꼭 필요하지 않은 것들을 여러분들의 어항에 먼저 넣는다면 정작 중요한 것들은 담을 수가 없을 겁니다."

우리의 인생도 이 전문가의 말과 같다고 할 수 있다. 인생은 꼭 그 시기에 해야 할 것들이 있다. 그런 것들을 만약 그 시기에 하지 않는다면 훗날 몇 배의 숙제로 다가올 수도 있다.

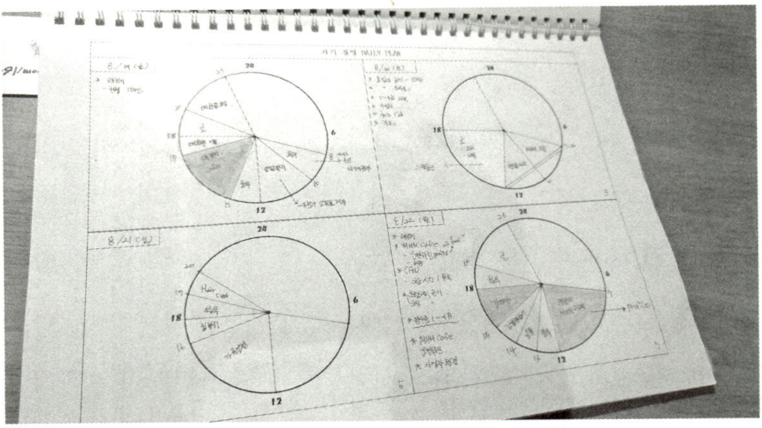

이런 점이 초등학생 이후 그려 본 적이 없는 이 하루 일과표에 내가 매달리는 이유다. 회사를 퇴사하고 하루 24시간을 오롯이 나의 의지로 써야만 하는 삶을 선택한 나로서는 하루의 계획이 무엇보다 중요했다. 누구에게나 똑같이 부여된 시간이지만 누구나 똑같이 쓰는 시간은 아니었기 때문이다. 이것이 이 다이어리를 쓰게 된 이유다.

매일 저녁 나는 다음 날의 해야 할 일을 기록하고 전날 했던 일들을 빠짐없이 기록한다. 다음 날 일어날 기상 시간까지 꼼꼼하게 체크해서 한 치의 오차가 없도록 계획하고 일의 우선순위에 따라 색깔을 달리하여 체크해둔다. 이것은 달 단위, 주 단위도 마찬가지로 적용한다. 그리고 다이어리의 맨 앞부분은 한시도 나의 목적을 잊지 않기 위해 인생을 살아가면서 슬로건으로 삼아야 하는 단어나

내 생각을 적어 두었다.

이런 것을 통해서 자신에 대한 철저한 자기 관리만이 내 삶을 풍요롭고 행복하게 해 줄 것이라고 굳게 나는 믿고 있다. 시간은 누구나 동등하게 가지고 있지만 누구에게나 가치 있게 쓰이지는 않는다. 그런 시간을 나는 지금 소중히 쓰려 하고 있다.

## 5) 언젠가 쓰일 능력

"S씨, 나 이거 복사 10장만 부탁할게."

"S씨, 급해서 그러는데 부장님 방에 커피 3잔만 부탁해."

"S씨, 이것 좀 기획 3팀 김 대리한테 전해줘."

신입 사원 S는 속으로 생각했다.

'내가 이런 거 하려고 이곳에 온 게 아닌데.'

'진짜 업무는 언제 하지?'

입사한 지 6개월 차인 그는 자꾸만 반복되는 단순 업무에 지쳐 가고 있었다.

그는 20년 지기 나의 친구다. 서울의 유명 대학을 졸업한 그는 재학 내내 장학금을 단 한 번도 놓치지 않은 인재였고 멈춰 있는 것은 도태되는 것이라 열변을 토하며 스무 가지가 넘는 자격증을 취득한 사람이다. 심지어 그는 군 입대 6개월 전부터 유격 훈련에 대비하여 체력을 만들어야 한다며 홀로 밤바다 동네 앞 초등학교를 조깅했던 사람이다. 그는 현재 이름만 대면 알 만한 기업에 근무하고 있다. 그는 철저하고 컴퓨터 같은 사람이다.

그런 그가 어느 늦은 밤 술 한잔 하자며 전화를 걸어왔다. 필시 그 시간은 녀석에겐 취침에 들어야 할 시간이었는데 말이다. 수화기 너머 들려온 목소리가 그닥지 않게 밝지 않았다. 급하게 컴퓨터 게임을 종료하고 이 밤에 또 어딜 나가냐고 성화이신 어머니의 잔

소리를 뒤로한 채 늦은 밤 집 밖으로 나갔다.

그와 나는 동네 앞 조그만 호프집에서 만났다. 먼저 와있는 그의 얼굴은 그다지 않게 어두웠다. 바로 머리 위의 조명이 그의 얼굴에 그림자를 어둡고 길게 내렸다.

"웬일이냐. 네가 이 시간에 얼굴을 다 보자고 하고."

"그냥……."

짧게 대답한 그는 안주가 나오기 전에 소주 한 잔을 입에 털어 넣었다. 한참을 뜸을 들이다 이내 천천히 입을 열었다. 그의 입에서 나온 말은 다소 의외였다.

"나 회사를 그만둘까 봐……."

"응? 회사를? 왜, 무슨 일인데. 너 그 회사가 어떻게 들어간 회산데 그만둬?"

"그냥……. 요즘은 모든 게 다 지친다."

"무슨 일인데? 이야기해봐. 이 엉아의 별명이 해결사잖냐."

나의 농에도 그는 조금도 풀어지지 않았다. 잠시 생각한 뒤 그가 입을 열었다.

"너도 알다시피 내가 이 회사에 들어가기까지 얼마나 힘들었는지 알고 있지? 주위의 만류에도 일을 많이 배울 수 있다는 이유에서 본사로 들어간 거고. 그런데 회사에 입사한 지 육 개월이 지났는데 주 업무가 아직도 복사하기와 커피 타기야. 요즘은 내가 이런 거 하려고 입사를 했나 싶다."

그렇게 그는 그날 밤 고민거리들을 조금씩 이야기했다. 때로는 억울한 듯, 때로는 낙담한 심정으로.

그날 밤, 집에 돌아와 그와의 대화를 곰곰이 곱씹어 봤다. 불교에서 출가한 사람들은 일정 기간 행자 생활이라는 것을 한다. 스님이 되기 위해서는 누구나 반드시 거치는 일종의 훈련 기간인데 이 기간 동안 행자들은 여러 가지 일을 한다. 절의 마당을 청소하기도 하고 허드렛일을 하기도 하며 농사를 짓기도 한다. 이 생활은 사람에 따라 6개월에서 수년 동안 지속되기도 한다. 스님이 되고 싶은 모든 사람은 이 생활을 반드시 거쳐야만 스님이 될 수 있다.

나는 지금 글을 쓴다. 학창 시절 일기도 쓰기 어려워했던 내가 글을 쓴다. 단순히 책을 출판하기 위해서가 아니라 사회생활을 통해 내가 배우고 깨달았던 바를 나누고 싶어서다. 이건 진심이다.

그렇다고 처음부터 글을 쓰는 것이 수월했던 것은 아니다. 2015년 초, 글을 쓰고 싶은 몇 사람과 함께 원고를 가지고 일주일에 한 번씩 만나는 글쓰기 모임을 만들었다. 일주일에 적어도 A4용지 한 장 분량의 원고를 작성해 오는 것이었다. 나는 그 모임에 절반에도 못 미치는 원고를 가지고 참석할 때가 많았다. 혹여나 한 장을 가득 채운 원고를 가지고 모든 사람들 앞에서 음독을 할 때면 두서없는 내용과 문법에 낯 뜨거워진 것이 한두 번이 아니었다. 그날 이후 내 자신과 약속했다. 매일 아침 2시간은 오롯이 글쓰기만을 위한 시간을 갖기로 말이다. 어떠한 글이든 상관없었다. 전날의 일기를 쓸 때도 있었고 그날의 감정을 써내려가기도 했다. 정 쓸 만한 말이 생각이 나지 않을 때에는 노래 가사를 쓰기도 했고 그 가사 위에 나의 생각들을 적어 내려가기도 했다.

매일 반복해서 글을 쓰다 보니 글에도 근육이 있다는 사실을 깨닫게 되었다. 매일같이 반복하고 지우고 또 쓰고 생각해야 글에 힘이 생긴다. 처음 썼던 나의 원고를 가끔 보면 아직도 낯 뜨겁다. 어느 날은 한 줄도 쓰지 못하는 내 자신을 보며 원망스러울 때도 있었고 다른 사람들이 멋진 글을 가지고 와서 읽어 내려가면 나의 자신감도 같이 내려갔다.

나에 대한 자책이 계속되던 어느 날 문득 머릿속을 스쳐가는 생각이 있었다. 고민한다는 것은 나아감을 전제하므로 멈춰있는 것이 아니다. 그러므로 고민한다는 것은 발전한다는 것이다. 그러기에 난 매일 전진한다는 생각으로 글을 쓴다.

예비 스님들은 마당을 쓸고, 규칙적인 생활과 행자의 생활을 통해 자기 자신을 절제하고 다듬어 가는 과정을 거칠 것이다.

S의 생활은 업무 중 기초를 다지는 것이라고 본다. 복사를 제대로 하지 못한다면 업무에 지장을 초래할 것이다. 커피 심부름을 통해서 외부 사람들을 눈으로 익힐 수 있을 것이다. 만약 이른 아침 다른 사람의 책상을 걸레질한다면 그 사람의 업무 스타일과 하는 업무를 익힐 수 있을 것이다. 나도 멈춰있지 않기 위해 글쓰기의 노력을 하는 것이다. 각자 노력의 내용이 다를 뿐이다. 비록 지금 하

고 있는 일이 끝이 보이지 않고 무의미해 보여도 그 자체가 유의미할 수 있다.

조금씩 단순한 반복이 나도 모르는 사이에 켜켜이 쌓여 단단한 근육을 만들어 준다. 나는 글을 쓴다. 꿈을 가지고 절실하게 글을 쓴다. 한 글자, 한 단어를 쓰기 위해 몇 시간을 고민하며 고쳐서 겨우 한 줄을 만들어 낸다. 언젠가 이 한 줄들이 모여 200여 페이지의 책 한 권으로 탄생할 그 순간을 의심하지 않는다. 그렇듯 모든 일에는 이유가 있다.

얼마 전 S는 회사에서 본사의 핵심 부서로 발령이 났고 또래의 동기들보다 한 단계 먼저 승진하여 그 회사를 진두지휘하고 있다. 그는 걸려온 전화에서 이렇게 말했다.

"옛날에 내가 복사 이야기한 것 기억나? 내가 한 경험은 쓸데없는 경험이 아니라 언젠가 쓰일 경험들이었더라. 아무튼 그렇다고."

그의 목소리가 어느 때보다 밝았다.

## 6) 어항

연일 36도를 웃도는 무더운 여름날 아침, 동료가 한손에 금붕어 두 마리가 들어있는 비닐봉투를 든 채 출근했다. 연유를 물어보니 그의 자녀들이 학교 앞에서 금붕어 두 마리를 사왔는데 며칠이 지나지 않아 금붕어에 대한 흥미가 떨어지고 관리가 소홀해지자 그들의 예견된 죽음이 안타까워 데리고 왔노라 말을 해주었다.

우리는 그들에게 사랑이와 행복이라는 이름을 붙여주고는 사무실에 있었던 세숫대야에 생활 터전을 마련해 주었다.

겁에 질린 모습을 보이며 한동안 움직임이 없던 물고기들은 며칠이 지나서야 언제 그랬냐는 듯 넓은 꼬리를 부채처럼 펄럭이며 세숫대야 이곳저곳을 누비고 다녔다.

사랑이는 얇고 풍성한 꼬리지느러미로 볼록한 몸통을 이리저리 유연하게 흔들고 다니는 녀석이다. 사랑이의 꼬리를 보고 있으면 부채꼴로 하늘거리는 모습이 마치 오로라를 보고 있는 착각에 빠지곤 한다.

행복이는 사랑이의 절반만 한 체구이며 사랑이보다 진한 형광 주황색의 비늘을 가지고 있다. 얇은 미농지 같은 꼬리로 하늘하늘거리며 어항 구석구석을 누비는 모습이 마치 탐험가 같다. 상대적으로 작은 체구 때문에 사랑이의 눈치를 보고 있는 것이 아닌가 하여 내심 행복이를 응원하고는 한다. 이 둘의 눈은 바둑알처럼 까맣고 동그랗다. 마치 겁을 먹은 것 같은 그들의 눈을 보고 있자면 세상에 대한 두려움을 품고 있는 것 같아 괜스레 안타까워진다. 때마다 물을 갈아 주었고 먹이를 챙기길 일주일, 새로운 환경이 또 다른 삶의 의지를 불어넣어 준 듯 그들은 적응해 나가기 시작했다.

8월 무더위가 지속되던 어느 날, 무더위에 지쳐서 물을 마시려 일어난 후 바라본 어항에는 사랑이가 하얀 배를 뒤집고 배영을 하고 있었다. 입은 힘에 겨운 듯 연신 뻐끔거리고 있었고 몸은 가끔씩 부르르 떨었다. 행복이는 그런 사랑이를 걱정하는 듯 사랑이 옆에 붙어서 두려움이 가득한 까맣고 큰 눈을 연신 굴렸다. 마음이 덜컥 내려앉았다. 서둘러 핸드폰을 빼들어 금붕어 관련 글을 찾아보기 시작했다. 하나같이 늦었다는 글뿐이었다.

그들을 보며 아주 오래전 기억이 되살아났다.

그날의 하늘은 구름 한 점 없었고 공기는 매우 맑았다. 그런 날에는 어김없이 할아버지 한 분이 노오란 병아리들이 가득한 상자를 들고 학교 앞에 좌판을 깔았다. 나이가 가늠이 안 될 정도로 주름이 깊게 파인 그가 앉은 좌판 앞 박스는 생명의 출발을 알리는 삐악거리는 소리가 하늘 높이 울려 퍼졌다. 박스 앞에는 급하게 찢어서 쓴 글씨로 삼백 원이라고 적혀 있었다. 생명의 값을 논하기에는 터무니없이 적은 액수였다.

그 시절 병아리에 대한 기억은 닭이 되지 못한 채 사라져 갔다.

사랑이를 보며 할 수 있는 것은 없었다. 안타까웠지만 어쩔 수 없다며 스스로를 합리화시키고는 그의 죽음을 그와 내가 받아들이기만을 바랄 뿐이었다. 다음날도, 그 다음날도 사랑이의 배영은 계속됐다.

며칠 후, 아침에 일어나자마자 버릇처럼 어항으로 향한 나는 눈앞에서 벌어진 광경에 놀랐다. 며칠째 배영만 하던 사랑이가 배를 뒤집고 필사적으로 헤엄을 치려 하고 있었다. 간혹 다시 뒤집어지긴 했지만 균형을 바로잡으려는 녀석에게서 끈질긴 삶의 의지를 느꼈다. 녀석의 삶을 포기하려 했던 내 자신이 창피하고 한편으로 미안했다.

그길로 어항 가게로 달려가 그들에게 새로운 보금자리를 마련해 주었다. 정성스레 새로운 어항을 닦고 자갈들을 깔아주었다. 며칠이 지나자 물고기는 언제 그랬냐는 듯 힘찬 물질을 하며 어항 구석구석을 누비기 시작했다.

물고기는 스스로 환경을 바꿀 수 없기에 그들의 모습은 예뻐도 그들의 삶은 애처롭다. 그들에게 어항은 세상이며 필연적으로 받아들여야 할 중요한 삶의 터전이다. 누군가가 물을 갈아 주지 않고 먹이를 주지 않는다면 외면받는 순간이 곧 삶의 위태로운 순간이다. 그런 모습이 애처로웠다.

우리 또한 세상이라는 수천수만의 크고 작은 어항 속에서 헤엄을 치고 있는 물고기에 지나지 않는다고 할 수 있다. 누군가가 주는 먹이에 한 달을 살아가며, 그 먹이로 인해 다음 달을 기다리며 살아간다. 수많은 사람들이 세상을 바꿀 수 없다고 생각하며 스스로의 몸을 점차 뒤집어 간다.

다만 우리는 선택하는 존재. 어항을 바꿀 수 있는 존재다. 그것이 물고기와 다른 이유이다. 스스로의 의지와 노력으로, 도전과 시도를 통해 세상을 변화시킬 수 있다. 우리는 창의적이며 매 순간 바뀌어 갈 수 있는 존재다.

나는 10년 동안 직장이라는 어항 속에 살고 있었다. 그것이 주는 폐쇄적 무력감을 고스란히 받아들여 그저 한 달에 한 번씩 꼬박꼬박 나오는 월급을 먹이마냥 빼끔거리며 받아먹으며 서서히 뒤집어지고 있었다.

더 이상 뒤집히기 전에 퇴사라는 방법을 통해서 어항을 바꾸었다. 살아가야 할 곳을 스스로 꾸미고 물을 채워 넣었으며 친구와 동료들을 불러 모았다. 언젠가는 또 다시 다른 곳으로 옮길 것이다. 그리고 끊임없이 옮기고 또 옮길 것이다. 그것이 내가 이 세상을 살아가는 방법이며, 사력을 다해 살아가야 할 이유이다.

어항을 바꿀 수 있는 기회와 능력. 여러분도 부디 잘 사용하길 바란다.

## 7) 새로운 시작

시끄럽게 울려대는 휴대폰 알람 소리에 잠의 끝자락을 끈질기게 잡고 있던 눈꺼풀을 힘겹게 들어올렸다. 잘 떠지지 않는 눈으로 더듬거리며 찾아낸 휴대폰의 배경 화면엔 '2016년 1월 1일(금)'이라는 글자가 선명하게 새겨져 있었다.

새벽 4시……. '조금 더 잘까?'라는 생각이 굴뚝같았다. 간밤의 체온이 밴 이불은 나에게 더 자라고 유혹하고 있다.

2015년의 마지막 날, 문득 과거 새해를 맞이했던 기억이 떠올랐다. 매번이 같았다. 친구들을 불러 모으고 술집으로 향하고는 자욱한 담배연기로 가려진 화면 속 보신각 타종의 카운트다운을 들으며 환호와 함께 밤새 술을 마시곤 했다. 새벽의 먼동이 터올 때 즈음 술과 담배 냄새에 찌든 지친 몸을 이끌고 집으로 돌아와선 다음 날 해가 중천에 뜰 때까지 죽은 듯이 잠을 청했다. 오후를 한참이나 넘겨서야 깨질 것 같은 두통과 함께 일어나 라면으로 해장하고 정신을 차렸다. 그러고는 어스름한 저녁이 찾아왔다. 그렇게 한 해의 첫날을 보내며 시간을 허비했다.

전에 없던 1년을 계획하고 싶었다. 스스로를 다그치고, 계획과 생각으로 단단하게 채워진 날들을 만들어 내 안의 두려움과 나태함에 맞서고 싶었다.

계속 울어대는 알람 소리에 무거운 몸을 일으키고는 옷을 주섬주섬 찾기 시작했다. 이른 새벽 기온은 생각보다 더욱 추웠다. 집 밖으로 나오니 밤새 정화된 신선한 공기가 폐 속 깊숙이 들어왔다. 세상은 아직 꿈의 끝자락을 질기게 잡고 있었다. 밤새 올라간 체온은 연신 몸을 부르르 떨게 했다. 굳어있는 몸을 이리저리 풀어보고 온몸의 관절들을 유연하게 풀었다. 그러고는 인근에 있는 호수로 천천히 내달렸다. 이른 호수는 한기를 견디지 못하고 깊게 얼어있었다. 얼어버린 수면 위로 아이들이 던진 돌들이 바둑알마냥 이곳 저곳에 놓아져 있었다. 주머니에 손을 찔러 넣어 지난밤 넣어 두었던 메모지를 꺼냈다. 메모지 위에는 오늘 해야 할 일들이 순차적으로 적혀있었다. 제일 처음에 적혀있던 '4시에 기상'과 '새벽 조깅' 문구를 빨간 볼펜으로 슥슥 그었다. 다음 계획은 '원고 작성'이었다. 때마침 호수 앞에 덩그러니 놓여 있는 카페가 보였다. 문을 조심스레 열고 들어가니 오늘만 24시간 운영이란다. 왠지 운수 좋은 날 같았다. 밤새 무의식 속에서 고민한 글자들의 조합이 맑은 정신으로 새어 나와 새벽 시간의 글쓰기는 제법 만족스러웠다.

새벽 4시는 시작과 끝을 알리는 시간이다. 장사꾼은 가게 문을 닫고 지친 몸을 이끌고 집으로 돌아오는 시간이며, 신문배달원들에게는 하루의 시작을 알리는 시간이다. 이는 이 시간이 세상의 경계와 맞닿아 있기 때문이다.

새벽의 여백은 세상의 소음을 지워버린 공간이다. 이 시간은 생각의 정리를 돕는다. 우리가 바다에 가는 이유는 그곳에 바다밖에 없기에 다른 것을 생각할 여지가 없기 때문이다. 가득 채움(滿)은 비워짐(空)에서부터 비롯된다. 그런 의미에서 새벽은 비우기 위한 준비, 다시 채워갈 시간과 여지를 의미한다.

삶은 채워짐과 비워짐의 연속이다. 이것들의 반복으로 인해 무의식의 끝자락을 끊임없이 찔러가며 넓혀가는 행위의 연속이다. 누구든 똑같이 가지고 있는 '시간'이라는 것을 어떻게 활용하느냐에 따라 삶이 달라진다고 해도 좋다.

나는 '새벽 4시에 일어나기'라는 1년의 첫날, 자신과의 약속을 통해서 스스로 정한 규칙을 지켜냈다. 그 약속을 시작점으로 매일 나와의 약속을 정하고 지켜나가며 스스로를 경영하고 있다. 나 자신을 경영한다는 것은 매 순간이 선택의 연속이고 결정의 결심이며 그것을 지켜나가겠다는 신념이다.

과거 정해진 근무 시간을 억지로 채우려던 나는 더 이상 없다. 매일 저녁 잦은 회식으로 인해 술 마시고 휘청거리던 나도 없다. 오직 하루를 충실히 살고자 하는 나만 남아 있다. 그렇게 오늘도 자발적 계획을 통해서 스스로를 만들어 간다.

## 8) 책담합시다

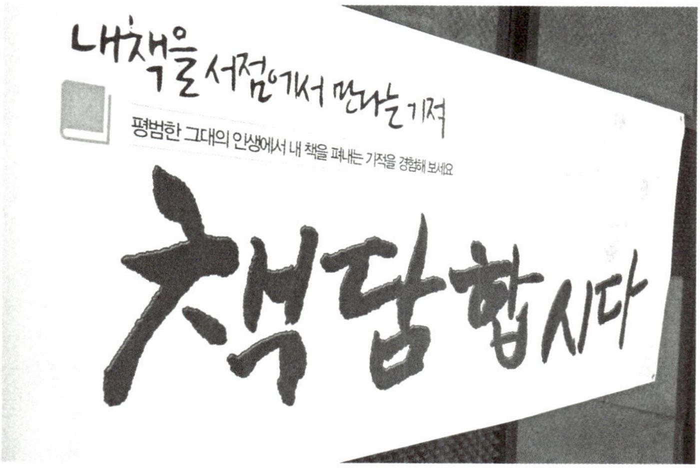


'책담합시다'는 독서 모임이다. 무수히 많은 독서 모임들 중에 '또 독서 모임이야?'라고 할지도 모르겠지만 나는 이곳에서 매주 새로운 인생을 만나고 이야기를 나눈다. '책담합시다'는 '책 없이 책 읽기'라는 슬로건 아래 매주 활기차게 진행되고 있다.

어떤 일이 일어나거나 변화하도록 만드는 결정적인 원인이나 기회를 계기(契機)라고 한다. 계기라는 것은 새로운 환경, 그에 맞는 목표, 나의 즐거움이 동반됐을 때 최고의 모습으로 나타난다. 변화의 시작은 곧 계기와의 만남이다. 나의 계기는 우연찮은 기회에 필연적으로 찾아왔다.

그날은 지인의 출판기념회가 있는 날이었다. 기념회가 강남에서 있었던 터라 퇴근시간의 지독한 러시아워를 뚫고 행사가 끝나갈 무렵에야 간신히 도착할 수 있었다. 기념회가 끝난 뒤 자리를 옮긴 뒤풀이 자리에서 그와 옆자리에 나란히 앉게 되었다.

활어(活魚). 그의 첫인상이었다. 그의 두 눈에서는 펄떡거리는 생기가 넘쳐흘렀고 말에는 자신감이 넘쳤다. 그는 현재 사람들이 기피하는 장례 사업 분야에서 남들이 보지 못한 'VIP 장례'의 가능성을 발견한 뒤 주위의 반대를 무릅쓰고 과감히 장례업에 뛰어들어 국내 VIP '장례기획' 분야에 1위로 올라선 삼십 대의 청년사업가였다. 그의 독특한 이력에 굉장히 흥미가 끌렸다. 누구나 기피할 수 있는 사업을 10년이 넘는 기간 동안 꾸준히 해내고 있다는 사실만으로도 굉장한 흥미를 불러일으키는 사람이었다. 많은 대화 후에야 그가 여러 권의 책을 출간한 작가임을 알게 되었고 달이 긴 밤의 끝에 걸려서야 자리에서 일어났다.

그와의 첫 만남은 '우연'에서 시작됐다.

며칠이 지난 후 그에게서 차 한잔 하자는 전화를 한 통 받았다. 반가운 마음에 흔쾌히 수락을 하고는 그의 사무실 근처 카페에서 만남을 가졌다. 먼저 도착해서 기다리던 중 그가 카페 문을 열고 들어왔다. 여전히 두 눈에는 생기가 가득했다. 이것저것 안부를 묻다가 그가 독특한 제안을 했다. 그의 회사의 가치를 향상시킬 수 있는 일을 하고 싶은데 도움이 필요하다는 것이었다. 그는 내가 가치를 높일 수 있는 프로젝트에 동참을 해줬으면 좋겠다는 제안을 했다.

그리고 그는 이어서 이야기했다.

"기업과 자신은 꾸준히 변화해야 한다고 생각합니다. 오늘은 어제와 다르고 내일은 오늘과 다를 것입니다. 우리는 이러한 변화의 홍수 속에서 끊임없는 도전을 해야 합니다. 그래서 저는 이 회사의 가치를 더욱 높이고 넓히는 일에 같이 일을 하자고 제안하는 겁니다."

지금까지 한 회사에 속해서 10년에 가까운 시간을 보냈기에 이러한 제안이 익숙하진 않았지만 무언가 굉장히 재미있을 것 같은 느낌이 들었다.

이야기를 바꿔서, 시중 서점에 가면 독서에 대한 책을 많이 접할 수 있다. 조금만 들춰보면 많은 양의 책들이 책을 많이 읽을 것을 권장하고, 목차에는 '하라'와 '하지 마라'라는 명령의 문장으로 쓰여 있다. 물론 이 책의 이곳저곳에도 명령형 문장이 없진 않지만 개인적으로는 이러한 어미를 좋아하지 않는다. 독자에게 선택과 결정의 여지를 남겨주는 글이 좋다. 많은 사람들이 명령의 문장을 보고 맹목적으로 따라 하다가 시간과 열정을 허비하는 것을 많이 보아왔다. 어디까지나 그 책에 적혀 있는 것은 작가 본인이 경험하고 실천을 해본 결과이지 내가 해본 것이 아니다. 마지막의 선택은 내가 해야 하는 것이다.

도전은 남는다. 나의 선택이 남고, 그 선택에 대한 결과가 남으며, 그 결과에 대한 새로운 도전 과제가 남는다. 그러니 도전은 완료형이 아니라 진행형이다.

도전에 대한 '실패'는 '경험'이다. '경험'은 다른 의미로 '성과'다. 이 성과를 통해서 나의 인생에 알맞은 좌표를 얻을 수 있다. 인생의 좌표를 바꾼다는 것은 새로운 삶을 찾는 계기가 될 수 있다. 우리는 선(線)이 아니라 구(毬)의 인생을 살아간다. 점과 점들이 연결되어 새로운 면을 만들고 면과 면이 만나서 구(毬)를 만들어가는 삶을 살아간다. 그렇게 인생의 깊이가 생기고 더욱 큰 성공, 인생, 미래로 이끌어가는 원동력이 된다.

나는 그래서 '변화'를 화두로 하는 그의 선택이 훌륭하다 생각한다. 십 년이 넘는 시간 동안 꾸준히 변화해 왔지만 또 한 번의 변화에 대한 도전을 준비하는 모습에 난 그 기업과 함께한다면 나에게도 도전이 될 수도 있다고 생각했다. 그날 이후 나는 중앙의전기획과 계약하고 함께 걸어가기 시작했다.

우리는 '사람'과 '변화'에 중점을 두기로 했다. 인생은 결국 내가 속해 있는 사람이 중심이고 사람은 변화를 원하는 존재다. 그날 이후 변화 경영팀을 만들어 그것을 실체화시키기 위해서 머리를 맞대고 고민했고 긴 고민 끝에 결국 사람의 마음을 통해서 바라보는 세상이 바뀔 수 있다는 것에 의견이 모아졌다.

책은 사람의 손끝에서 탄생하고 작가의 생각이므로 책이 곧 사고하는 인간, 생각하는 사람이기 때문에, 사락 본연의 만남을 통해 글을 알아감과 동시에 나의 본질을 확인할 수 있는 모임을 기획하게 되었다. 결국 그 기획은 책 없는 독서 모임이라는 다소 재밌는 발상으로 새로운 차원의 독서 모임을 하게 되었다.

우리는 콧물도 얼려버릴 추운 어느 날 홍대에서 시작했다.

얼마 전 '책담합시다'는 20회를 맞이했다. 진행을 하며 어떤 날은 너무 많은 분이 와주셔서 장소를 급히 바꾸기도 했고 어떤 날은 한 분도 오시지 않아 혼자 3시간 동안 사람들을 기다리기도 했다. 20회에는 회원들과 한강에서 자축의 파티를 열기도 했다.

이 모임은 끊임없는 시도의 장이다. 매주가 각기 다른 형태의 모습을 띤다. 독특한 방식의 이야기를 하기도 하고 물품을 이용한 오감(五感) 독서를 하기도 한다. 참가자들의 직업 또한 다양하여 여러 가지 이야기를 들을 수 있다. 참가자들 대부분이 '책담합시다'는 특이하다 한다. 나는 앞으로 이 커뮤니티를 통해 다양하고 재미있는 실험적 무대를 만들어 낼 것이다. 부디 많은 분들이 평범한 일상에 비범한 나를 찾아가는 여행 거리를 만들어 즐기기를 바란다.

## 9) 마법의 아홉 칸

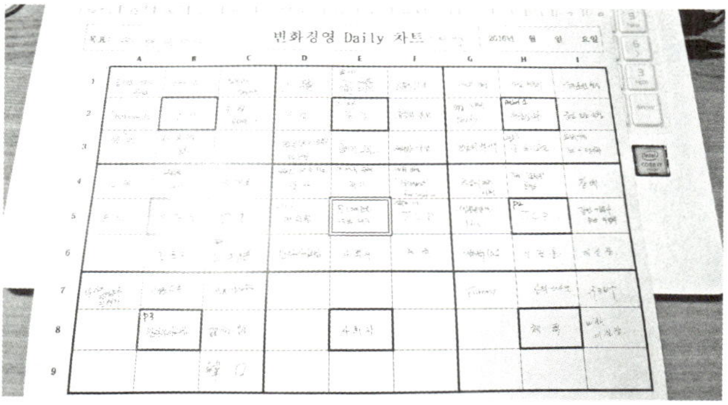


이제 나는 '만다라인간경영연구소'라는 회사를 설립했다. 만다라 사고법을 통해 인간(人間)의 본질을 탐구하며 내 안의 자아를 끊임없이 찾아가는 일을 하고 있다.

현대 사회는 어제가 다르고 오늘이 다를 만큼 빠르게 변화한다. 변화란 '지금'과 같지 않도록 꾸준히 발을 내디딘다는 말이기도 하다.

'변화'라는 단어를 좋아한다. 그래서인지 매일 시계추처럼 돌아가는 회사가 더욱 적성에 맞지 않았다. 회사를 나오고 얼마 지나지 않아, 나의 인생철학에 대해 고민을 했고 한참을 고심 끝에 인생철학을 "변화를 원하는 사람을 돕습니다."라고 정했었다. 우리는 변화를 원하지만 변화에 대한 두려움이 앞으로 나아감을 망설이게 만든다. 두려움을 이기기 위해서는 지속적인 노력이 필요하다. 변화를 위해 지속적으로 대항하는 삶은 어제보다 더 나은 삶을 설계할 수 있으며 변화는 곧 도전이자 발전이 된다. 변화를 이루는 성공은 나 자신에게 행복을 준다. 나는 개개인의 행복한 삶을 추구한다. 그래서 변화를 위해 끈질기게 대항하고자 하는 사람들을 도우며 살겠다고 다짐했다.

'빠름'을 추구하는 시간은 사람들에게 자신을 잊어버리는 역효과를 불러일으켰다. 내가 누구인지, 인생 목표는 무엇인지, 가정, 건강, 회사, 여가, 대인관계, 일, 교육, 인격 등 8단계에 걸친 균형적 삶을 어떻게 살아가야 하는지에 대한 망각을 하고 살아가게 만들었다.

최근에 일본인은 자신들의 문화적 종교적 기원으로 돌아가 창조적 사고법을 새롭게 발견해내기 시작했다. 그중 하나가 만다라 사고법이다. 이 사고법은 일본의 지바 시(市)에 소재한 크로바경영연구소 마쓰무라 야스오 회장(77)이 38년 전 개발하여 특허를 얻은 사고법이다. 만다라 사고법은 일본경영합리화협회에서 경영자들에게 창조적인 브레인스토밍과 경영계획을 훈련할 수 있도록 만들어졌다.

그렇다면 만다라 사고법은 어떻게 사용하는가? 그림과 같이 중심 테마를 차트의 중심에 쓰고 참가자는 관련 아이디어를 밖으로 확산시켜나갈 수 있도록 되어있다.

예를 들어 테마가 초전도(超傳導)라고 하면 참가자는 상업적 이용성에 대해 생각할 수 있다. 자기부상열차, 에너지 저장, 전송 등 상업적 이용이 가능한 아이디어들을 메인 테마를 중심으로 구획되어 있는 A~H의 8개의 칸에 옮겨 적는다. 다음으로, 각각의 아이디어는 다시 핵심 테마로(하위단계) 옮겨져 각 테마별로 브레인스토밍을 통해 아이디어를 세분화, 구체화시켜나간다. 예를 들어, '초전도'라는 메인 주제를 통해 'A' 자기부상열차를 떠올렸다면, 이번에는 자기부상열차를 메인 테마로 새롭게 뻗어 나온 아이디어들을 정리해 가는 것이다. 일본인들이 기술의 축적과 독자적인 형태의 브레인스토밍 툴을 이용해서 상업적으로 이용하고 있다는 것은 이미 잘 알려진 사실이다. 이런 차원에서 보면 만다라 사고의 원리는 매우 효과적이고 뛰어나다. 만다라 사고법은 단순하면서도 유연한 구조로 되어 있어서 새로운 아이디어를 지속적으로 이어가는 데 매우 효과적이다.

도쿄 소프트웨어 하우스 태양기업의 시게오 호리이 회장은 일본 생산성 본부에 재직 중 만다라 사고법을 활용하여 기업의 신제품 기획과 기술력을 확보하는 데 큰 도움을 받았으며 특히나 비즈니스에 도움이 되는 창의적인 사고력을 기르는 데 효과가 있다고 한 바 있다. 만다라 사고법은 브레인스토밍의 동양적인 모델이라고 보면 될 것이다.

만다라 사고법은 전문경영인, 전략기획전문가, 변호사, 회계사들로부터 호평을 받은 사고법이었으나 현재는 학습계획, 업무계획,

전략계획 수립 등 폭넓은 영역으로 확산되어가고 있다. 마쓰무라 야스오 회장이 개발한 이후 38년간 수많은 사람들의 인생과 비즈니스를 혁신해온 만다라 사고법은 이제 일본을 넘어 아시아와 전 세계인의 관심을 받고 있다.

게다가 잘 알려진 일본 니혼햄 파이터스의 야구선수인 오타니 쇼헤이 선수의 말을 빌리자면 그는 고등학교 2학년 때 전 구단의 드래프트 1순위가 되기 위하여 만다라 차트를 이용하여 규칙적인 계획을 세우고 철저히 지켜갔다고 한다. 결국 그는 현재 일본에서 투수와 타자를 겸업하는 '이도류'라는 별칭을 얻어서 연일 스포츠 뉴스에 오르내리고 있다.

이러한 이유로 이정훈 소장과 나는 크로바경영연구소와 업무 협약을 맺어 한국에 만다라 사고법을 전파하려 기업을 설립했다. 현재 일본에서 만다라 사고법 전문가를 한국에 초청하여 강연회를 열었으며, 앞으로는 국제 교류와 기업교육, 청소년 자기주도학습에 많은 교육을 할 예정이다.

부디 여러분들의 애정 어린 시선과 응원을 부탁드린다.

## 10) 내가 잘할 수 있는 것

달이 긴 밤의 끝에 걸려서야 지친 몸을 이끌고 집에 돌아올 수 있었다. 화장실 갈 시간도 없이 3개의 미팅과 2개의 강의. 눈썹이 휘날리도록 뛰어다닌 하루였다. 집에 돌아오자마자 노트북을 열고 다음 달의 일정들을 정리했다. 월 일정을 정리하고는 주, 일 단위의 일정을 다른 노트에 정리했다. 다음 달의 일정도 빽빽했다. 일정 정리는 잘 까먹는 버릇 때문에 생긴 습관이다.

내일은 대한민국강사협회의 정기 회의가 있는 날이다. 사람들에게 희망을, 강사들에게는 네트워킹을 통한 다양한 프로그램을 개발할 수 있는 장을 제공하자는 목적에서 설립한 단체이다. 나는 이 단체에서 홍보 담당자로서의 역량을 마음껏 펼치고 있다.

대한민국강사협회가 강사들의 비상(飛上)의 장(場)이 되길 바란다.

오후에는 우리나라에서 VIP 의전기획 분야의 최고의 기업인 중앙의전기획의 경쟁 프레젠테이션에 함께하기로 했다. 일반인들에게는 다소 생소한 이 기업은 현재 13년째 대기업과 공공기관의 VIP 의전기획에 독보적인 기업이다. 어느 날 이 기업의 브랜드마케팅팀에서 같이 프로젝트 업무를 진행하자는 연락이 왔다. 이후 회사장(葬)이라는 생소한 분야의 연구를 통해 이곳에서 마케팅 업무를 담당하고 있다. 중요한 것은 언제든 내가 하고 싶은 일을 하며, 원할 때 떠날 수 있다는 것이다.

이번 주말에는 책 없는 독서 모임 [책담합시다] 일정이 기다리고 있다. 글을 쓰기 시작하면서부터 매주 한 번씩 진행하는 독서 모임을 만들었다. 이 모임은 '책 없이 독서하기'라는 슬로건 아래 소독(少讀)을 지향하는 모임이다. 우리는 매주 이 모임에서 서로의 인생을 공유하고 이야기한다. 이 모임은 앞으로 100회까지 진행하는 것이 목표다. 이번 스무 번째 일정에는 교외로 나가서 텐트를 치고 시원한 수박과 함께 진행해볼까 한다. 이 모임을 통해 한국과 일본을 잇는 글로벌 강연 비즈니스를 준비하고 있다.

나는 현재 7가지의 일을 하고 있다. 내 직업은 기업가이며 강사이자 작가, 기획자, 전문 MC, 프로그램진행자, 브랜드마케팅 등 많은 일을 하고 있으며 하루 24시간이 눈코 뜰 새 없이 지나간다. 그럼에도 일을 할 수 있는 것은 '하고 싶었던 일을' 하는 것과 그것을 '즐기고 있기 때문'이라 말하고 싶다. 그렇다 보니 오히려 즐겁고 자유롭게 일하고 있다.

오랜 세월을 몸담았던 회사를 그만둔 뒤 제일 어려웠던 것은 스스로 결정해야만 한다는 것이었다. 십 년에 가까운 세월을 누군가의 명령에 의해 수동적으로 움직여왔던 나에게 퇴사 초기부터 스스로 결정을 해야 한다는 것이 힘들었다. 심지어 점심식사를 언제 해야 하는 건가에 대해서 고민을 할 정도였다. 하지만 이제는 스스로 계획하고 결정하는 과정이 편하다. 일에 대한 즐거운 피드백을 받고 수정할 부분을 완성해 나가는 과정이 재밌기만 하다. 9시에서 6시 퇴근이 아니라 원하는 곳에서 원하는 만큼만 일할 수 있다는 것 또한 훌륭한 일이다.

나는 그 달의 스케줄을 노트북 배경화면에 노란색으로 색칠해 두곤 한다.
왼쪽에서부터 6개월간 노란색으로 채워지기 시작했다.

8년 동안 근무했던 회사에서 퇴사 후 짐을 싸들고 집을 나와 1년 동안 사진 속의 소파 위에서 매일 밤잠을 청했다. 물론 지금도 별반 다르지 않다.

이 사진은 내가 좋아하는 사진이다.

사진 속 모습이 어떻게 보이는지 궁금하다. 불편함? 불쌍함? 안쓰러움? 사진을 보니 그렇게 보이는 것 같기도 하다.

여러 해 동안 익숙한 건물들을 보며 출근했고 밤엔 별과 함께 퇴근하는 삶을 반복했다. 매일 반복되는 일정과 업무, 고정적인 월급과 정서적 안정감들을 포기하고 나오기란 쉽지 않았다. 그렇기에 퇴사까지 적지 않은 고민을 한 것이 사실이다.

주변에 퇴사한 사람들이 하는 이야기를 들어보면 회사가 비전을 제시해 주지 않아서, 상사가 힘들게 해서, 조직 생활이 맞지가 않아서라는 이야기들을 많이 한다. 그들 중 대부분은 조직 생활이 맞지 않는다는 이유로 다른 조직으로 옮겨갔고 조직에서 인간관계로 상처를 받았던 사람들은 또 다른 조직에서 여전히 같은 이유로 괴로움을 겪으며 방황하고 있는 것을 목격했다. 결론적으로 아직까지도 옮겨간 사람들이 여전히 비전을 찾지 못하는 경우가 많았다.

나 또한 인간관계로 상처를 받은 적이 있었고 회사에서 비전을 발견할 수 없었다. 오랜 고심 끝에 내린 결론은 나만의 브랜드를 가지고 인생을 주도적으로 사는 사람이 되고 싶다는 것이었다.

그러다 보니 조금씩 시간이 부족해지기 시작했다. 회사 업무와 나의 꿈을 병행하기 어려운 시점이 찾아왔다. 그것은 자연스러운 것이었다. 꿈을 꾸기 시작했고 목표를 정한 순간부터 회사를 나올 수밖에 없었다. 회사의 비전이 아닌, 상사가 아닌, 오로지 나만을 위한 이유가 생긴 것이었다. 사표를 제출하기까지 고민은 많았지만 미래에 대한 고통스러움은 없었다. 오히려 덤덤하고 속이 시원했다.

회사를 나온 뒤, 수십 년 동안 정들었던 삶의 터전에서 벗어나 새로운 환경에 나를 던져 놓았다. 하고 싶은 일을 한다는 것은 나를 즐겁게 만들었다. 이것이 내가 수개월 동안 불편한 잠자리를 스스로 선택한 이유였다. 위의 소파 사진은 내가 좋아하는 사진 중의 하나다.

스스로 이러한 인생을 설계할 때에는 두려운 마음이 많았지만 결국 스스로 도전하고 만들어 가는 과정 속에서 일에 대한 가치와 철학들이 바뀌었고 나의 선택이 옳았다는 확신이 든다.

나는 내가 가장 잘할 수 있는 것을 향해 맹렬히 달려 나가고 있다. 퇴사 이후에는 극도의 스트레스로 인해서 코피를 달고 산 적도 있고 난생 처음 원형탈모의 덫에 걸려 머리 이곳저곳에 구멍이 나기도 했었다. 그럼에도 불구하고 내가 이 생활을 즐기는 것은 마음이 원하는 삶을 주도적으로 살기 때문이다.

변화는 가능성이기도 하고 동시에 두려움이기도 하다. 나는 그 두려움을 인정하는 삶을 살기로 했고 그것과 동행하는 삶을 받아들이려 한다. 두려움과 친해져야 나는 가능성의 존재로 비로소 다시 태어나는 것이다. 이처럼 부족하고 약하지만 지금의 자리에서 성공을 꿈꾸고 희망을 품은 많은 사람들과 함께 두려움에 맞서려는 인생을 살고 싶다.

## 11) 창조와 공유

최근 방송들을 통해서 자꾸만 응답하라는 1990년대의 음악과 문화들이 다시 재조명되는 사례들이 많아졌다. 이러한 현상이 개인적으로는 반갑다. 얼마 전 지인과 홍대의 거리를 걸어가는 도중, 서너 걸음 건너마다 90년대의 노래들이 흘러나와 나도 모르게 흥얼거렸던 기억이 있다. 우리의 부모님들이 트로트를 좋아하는 이유 또한 별반 다르지 않을 것이다.

그동안 우리는 빠름의 시대에 살아왔다. 1950년 경제 호황기의 한국은 오직 경제 성장에만 집중하여 '빨리빨리' 문화가 어느새 우리의 민족성이 되어서 소위 빠른 문화는 사회 전반에 걸쳐 지속되어 왔다. 빨리 해야 하기 때문에 적당한 위법은 경제 성장이라는 달콤한 말로 감싸졌고 그 안에서 대(大)를 위한 소(小)의 희생은 당연한 것으로 받아들여져 왔다. 소(小)를 경시한 풍토는 지금에야 도저히 이해를 할 수 없는 정치적 유착 관계로 남아 있고 우리 세대들은 결국 금수저니 흙수저니 숟가락 가지고 남을 판단하는 시대에 살고 있다.

젊은 세대들은 더 이상 예능 프로그램을 본방을 사수하는 경우가 없다. 소위 '짤방'이라는 스마트의 편의 속에서 재미있고 웃긴 부분만 편집하여 보는 경우가 허다하다. 앞으로는 한 편의 희노애락과 기승전결이 있는 방송보다는 부분 부분이 웃기고 재밌는 짤방

송만의 시대가 오지 않으리라는 법도 없다. 우리들의 부모님들이 랩(Rap)을 기이하게 여겼듯 이젠 나조차 걸그룹의 이름과 노래를 알지 못하는 지경까지 왔다. 아마 나의 후세대들은 더하리라.

너무 빠른 것은 느린 것만 못하다. 서울의 숨 막히는 러시아워를 피하기 위해 글을 쓰면서부터 웬만한 거리는 걸어 다니고 대중교통을 이용하며 다니고 있다. 한손엔 책을 들고 두 눈은 잠시나마 탐독(探讀)을 탐(耽)하고 있다. 한두 구절 그들의 표현을 통해 전율에 가까운 떨림을 느끼는 소소한 즐거움이 어찌 보면 느리게 살기의 정수(精髓)일 듯하다. 몸이 느려지니 평소에 보지 못하고 지나쳤던 가게와 주변의 상황들을 관찰하게 되고 운전을 하지 않아 자유로워진 두 눈은 빠알간 석양빛에 부서져 흩어지는 한강의 부끄러움을 동작역 즈음에서 마주하곤 한다. 매우 고마운 장면이다.

초등학교 3~4학년 즈음 우리 가족은 첫 차 구매에 들떠 주말이면 대한민국의 이곳저곳을 여행하곤 했다. 그 당시에 들었던 “숲속의 대장간”이란 음악은 지금도 가만히 듣고 있으면 강원도의 산록을 누비고 다녔던 가족의 따스함이 느껴지는 음악이다.

그 여행의 어느 즈음 강원도 한적한 한 동네의 음악사에서 ‘서태지와 아이들 1집’을 부모님을 졸라 구매하였다. 그들의 음악을 듣는 순간 그 생경(生硬)함에 도무지 섞일 수 없는 감정을 느꼈다. 그 당시에 가요 프로그램으로 유명했던 ‘가요톱텐’이라는 프로그램에서는 현철 아저씨와 지금은 이름이 기억나지 않는 것이 죄송할 정도로 유명했던 여가수가 5주 연속 1위를 달리던 시절이었다. 이후 그들은 대한민국의 가요계를 바꾸어 놓았다.

나는 음악인 서태지를 좋아한다. 1992년 3월 말, 1집 앨범「난 알아요」를 통해 데뷔한 댄스그룹의 리더인 그는 가요계에서 본격적으로 '랩'을 시도한 음악인으로 평가를 받았다.

서태지라는 사람을 언급한다는 것 자체만으로 흥분이 될 정도로 그를 존경하고 좋아해 왔다. 이 글들로 그를 모두 설명할 수 없음에 매우 안타까운 마음이다. 하지만 그래도 그를 간략히 설명하고자 한다.

그는 중학교 2학년 때인 1985년에 음악에 심취하여, 열정과는 달리 가출을 자주 하며, 중학교 3학년 때는 전체 537명 중 꼴찌를 할 정도로 공부와는 멀어진 인물이었다. 이듬해 고등학교에 입학한 그는 음악과 학교생활을 병행하는 건 맞지 않다는 결심을 하게 되고, 부모님을 끈질기게 설득한 끝에 자퇴서를 제출하고 고등학교를 중퇴하게 된다. 그러던 어느 날, 그의 연주를 유심히 본 시나위의 리더 신대철에게 스카우트됐고 서태지는 18세 때인 1989년 시나위에 합류하여 베이시스트로 활약하였다. 당시 시나위의 보컬은 김종서였다. 당시 시나위는 최고의 밴드로 이름이 널리 알려졌지만, 방송 출연은 1년에 한두 번이 고작일 정도였고, 리더 신대철과의 의견 대립 등으로 말미암아 넷째 음반 Four의 활동을 끝으로 시나위는 잠정 해체되었다. 이후 서태지도 자신의 길을 모색하기 시작하였다. 시나위의 해체 이후 새로운 음악 활동을 모색하던 서태지는 1991년에 양현석, 이주노를 만나 서태지와 아이들을 결성하고 1992년 4월, 1집《난 알아요》를 발표하였다. MBC의《특종 TV 연예》를 통해서 정식 데뷔하게 된 그들은 평점 7.8점이라는 미적지근한 점수를 받으며 첫 방송을 시작하였다. 하지만 당시 10대들의 공감을 불러일으킨 그들은 방송 3사의 가요 순위 프로그램을 모두 석권하였으며 수많은 상을 휩쓸었고《난 알아요》는 데뷔 음반으로는 최다판매량인 170만 장의 판매량을 기록했다. 이후 은퇴할 때까지 그들은 단 4년이라는 기간 동안 대한민국의 가요계를 바꾸어 놓는 행보를 보였다. 지금의 가수들이 한 앨범을 발매하고 그 다음 앨범을 위해 활동 중단 후 다시 컴백하는 제도는 그들이 만들었다 해도 과언이 아니다.

그들은 10대의 모든 문화를 주도하고 바꾸어 갔으며 심지어 4집 앨범의 타이틀곡인「COME BACK HOME」을 듣고 난 가출 청소년들은 집으로 돌아오기까지 하는 기현상이 벌어졌다. 이때 이 현상을 그때 당시 9시 뉴스에서는 소상히 다루었던 기억이 있다.

그런 그가 얼마 전《Quiet Night》라는 음반을 발매했었고 그 과정에서 그는 스템파일(곡을 구성하는 보컬 및 악기 각각의 음원)을 모두 공개해 또 한 번 화제에 올랐다. 그간의 파격과 신비주의의 행보 대신 10여 년의 음악 생활 끝에 그가 내놓은 비책은 “창조와 공유”였다. 노래 속의 악기와 구성요소들 심지어 그의 목소리까지 따로따로 내놓아 그의 팬들과 공유를 한 것이다. 그 결과 그의 재료들을 자유롭게 가지고 논 팬들은 300여 개의 노래를 재생산해 냈으며 그 과정에서 그 또한 팬들의 창작에 매우 놀랐다고 한다.

나는 시대를 앞서간 그의 관찰력과 창의성을 존중한다.

그의 이러한 발상을 나는 '깊이'라고 본다. 알려진 바로 그는 한 앨범의 활동이 끝나면 작업실로 들어가 두문불출한다고 한다. 그의 동료였던 양현석은 그가 6개월 동안 집에서 나오지 않는 것을 보았다 전했다.

또한 만유인력을 어떻게 발견했냐는 질문에 뉴턴은 '내내 그 생각만 하고 있었다.'라는 말을 남겼다. 혹자들은 이러한 방법들이 자신에게 굉장히 가혹한 것이 아니냐는 말들을 했지만 나는 생각이 조금 다르다. 그 수년간의 앨범 제작 기간 동안 서태지는 이 '깊이'

라는 것을 '느리고 깊게 몰입'하는 것으로 해소해 낸 것이다. A에서 B로 바로 가는 수식이 아니라 A에서 출발하여 수많은 물결의 파동을 그리며 목적지에 가는 것이다. 물결의 파동은 달려드는 바람과 마찰을 일으켜 찢어지고 봉합되는 과정을 수백 차례에 걸쳐서 단단해지고 깊어지는 것이다. 그의 이러한 행보는 세계의 흐름에도 맞닿아 있다.

미국 전기 차 제조사인 테슬라모터스는 그들이 보유한 특허를 '우리의 모든 특허를 당신에게'라는 이름으로 전 세계에 모두 무료로 공개했다. 이것은 더 이상의 내 것 지키기 식 성장이 아닌 공유를 통하여 창조하고자 하는 것이 그대로 녹아 있다고 본다.

결국 창조와 공유는 발끝에 머무는 시선들을 천천히 곱씹어 보며 한 발 한 발 깊게 걷는 과정이다. 세심한 관찰이라 할 만하다.

하루에 단 10분이라도 나를 혼자 놔두는 시간을 가져보도록 한다면, 생각의 세상에서 맑고 투명한 호수를 들여다볼 수 있다고 나는 확신한다.

얼마 전 집 앞 화단에 핀 이름 모를 꽃을 대면한 적이 있다. 평소에 바쁘다는 핑계로 지나치곤 했던 꽃이다. 아무도 알아주지 않아도, 그 꽃은 휘어지는 봄비에도 빗물을 통통 튕겨 내며 햇빛 쪽으로 몸을 기울이고 있었다. 소리 없는 몸짓으로 살아감이 느껴졌다. 나나 꽃이나 서로 살아가려 함은 닮아 있다는 생각이 들었다. 천천히 갈 수 있음에 행복한 날이다. 아직 우린 젊기에 괜찮은 미래가 있기에.

## 12) 워크숍

> 배를 만들게 하려면
>
> 배 만드는 법을 가르치려 하지 말고
>
> 바다를 동경하게 하라.

"배를 만들고 싶으시다면 직원들에게 나무를 구해오라고만 하지 마시고 광활한 바다에 대한 동경을 가르쳐 주십시오!"

일순간 장내는 쥐 죽은 듯이 고요해졌다. 수십 명에 이르는 직원들의 시선이 나에게 날아와 꽂혔다. 일순간 얼어버린 듯 모두 정지했다. 그리고 잠시 멈춰있던 직원들은 일제히 나에게 달려들기 시작했다. 그 순간은 마치 느린 화면을 보듯이 천천히 그리고 또렷이 두 눈에 들어왔다.

마이크를 뺏으러 달려오는 총무과 직원의 당황한 눈빛, 일그러져가는 상사들의 이마의 깊은 주름, 시원하게 말 잘했다는 저 멀리의 다른 직원의 미소, 아직 상황 파악이 되지 않은 만취한 직원의 노래 부르는 모습. 이 모든 것들이 눈앞에서 펼쳐졌다. 나는 충신들의 제지에 끌려나오듯 그 자리에서 밀려났다. 아니 쫓겨났다.

그날은 전 직원이 강릉으로 워크숍을 가는 날이었다. 가는 도중 버스 안에서는 끝없는 인사말과 노래자랑이 이어졌다. 일부 술을 좋아하는 직원은 버스에 오르자마자 뒷자리에 몰려 앉아 캔 맥주를 연신 들이켰다. 목적지에 도착할 즈음 그들은 얼굴이 벌겋게 달아올라 있었다.

계획되어있던 일정들이 마무리되고 해가 뉘엿뉘엿 넘어가는 저녁이 가까워져서야 온 직원이 모인 일명 '화합의 시간' 자리가 시작되었다. 총무과 직원의 사회로 시작된 화합의 밤은 끝없는 건배 제의의 연속이었다. 나는 아직도 왜 매번 회식 때마다 모든 직원들이 건배 제의를 해야 하는지 이해하지 못한다.

"다음은 우연히도 오늘 직원 워크숍 날에 생일을 맞이한 직원이 있습니다. 생일을 맞이한 직원이 건배 제의 한번 하겠습니다."

그날은 나의 생일이기도 했다. 이름이 호명되고 무대 위로 불려 나갔다. 깊은 숨을 들이마시고 마이크를 입 앞으로 들어올렸다.

"먼저 저의 생일을 축하해주셔서 감사의 말씀을 드리겠습니다. 이렇게 생일에 여러분의 축하를 받을 수 있어서 매우 기쁘게 생각합니다. 앞으로 전 직원이 단합하고 소통해서 최고의 성과를 이루는 회사가 되었으면 좋겠습니다. 감사합니다."

딱 거기까지만 말을 했어야 하는지도 모르겠다. 무엇이 더 나를 이끌었는지 모르겠지만 모두가 모여 있을 때 꼭 한마디 하고 싶었다.

"덧붙여 한 말씀만 드리고 내려가겠습니다."

말이 끝난 줄 알았던 직원들은 각자 이야기 속으로 들어가려다 다시 주목했다. 그러고는 내가 이야기했다.

“저는 우리 회사 앞 넓은 화단을 좋아합니다. 4년에 걸친 자원봉사, 시간제 계약직 그리고 계약직 직원 시절을 지나오며 저는 그곳에서 마음의 위안을 받고 희망을 다짐하곤 했습니다. 정규직원이 됐다고 통보받은 그날도 어김없이 그곳을 거닐며 기쁨의 눈물을 한참 동안 흘렸습니다. 수없이 포기하고 싶은 마음도 그곳에서 들었고, 그 마음을 이기려는 결심도 그곳에서 수없이 했습니다. 그런 그곳을 얼마 전 저는 다시 걸었습니다. 안타까운 마음 때문입니다. 언제부턴가 우리는 예전의 웃음을 잃었고, 끼리끼리의 문화를 만들며 스스로 무너져 갔습니다. 그 결과 소통이라는 조직의 큰 자산을 잃었습니다. 소통의 부재로 믿음과 공유라는 단어는 이미 의미를 잃어가고 있습니다.

부디 바라건대 배를 만들고 싶으시다면 직원들에게 나무를 구해오라고 시키지만 마시고 광활한 바다에 대한 동경을 가르쳐 주십시오!”

실수할 정도로 술을 마시지는 않았었다. 개념을 상실할 정도로 돌아이도 아니다. 그저 30대 중반으로 달려가는 9 to 6의 평범하디 평범한 회사원일 뿐이었다. 오히려 우리 회사에 대한 자부심마저도 느끼는 사원이었다. 그렇게 할 말을 하고 끌려 내려왔다.

소통의 부재가 만들어낸 회사에 대한 걱정은 일순간 상사들 전체를 적으로 돌렸고 나는 일부 동조자들 사이에서 이름 없는 승리자가 되었다. 며칠 뒤 있을 우수 직원 시상식에서는 이미 예정되어 있었던 우수 직원상의 영예까지 거머쥐었다. 수상 후 포토타임에서 수많은 눈들을 좇아 기어코 상급자의 눈과 아이콘택트를 하며 나는 묘한 쾌감까지 느꼈다.

수년 동안 쌓여 왔던 응어리가 풀리는 느낌이었다. 물론 개념상실 직원이라는 오명을 썼지만 개의치 않았다.

기업 최고의 자산은 직원이다. 그들이 직장을 즐거운 곳으로 느껴야 이윤과 소비자 만족, 두 마리 토끼를 잡을 수 있는 것이다. 그런데 직원들을 그저 돈이나 벌어오는 수단이나 말 잘 듣는 하인 취급을 한다면 더 이상 그 회사에 기대할 것이 없다고 봐도 좋다. 예컨대 상사들이 매일같이 술 먹고 다음 날 업무를 못한다거나 혹은 근무시간에 TV를 보거나 핸드폰 게임을 한다면 그리고 그것이 잘못된 행동인지 인지 자체를 못한다면, 그 회사는 아마 머지않아 직원들과의 소통 부재, 팀워크의 소멸로 인해 결국 소비자가 고스란히 피해를 입게 되는 꼴이 될 것이다. 그리고 반드시 직원들의 이탈이 뒤따른다. 기업과 국가는 관점의 확장과 축소다. 통일 신라는 결국 그렇게 패망했다.

그런 경험으로 인해 지금의 회사를 만들기까지 나름의 운영법칙이 명확해졌다. 우리는 자율성 안에서 최고의 성과를 이루어 낸다고 믿는다. 출근은 있지만 퇴근이 자유로운 회사를 만들었고 그나마 아침 회의 뒤에는 굳이 사무실 안에 있을 것을 강요하지 않는다. 처음에는 어색해하던 직원들도 이제는 각자가 편안한 곳에서 업무를 하며 업무의 진행 정도, 협력해야 할 것들을 공유하고 진행한다. 업무를 하다가 지치면 사무실 한편에 마련된 침대에서 잠을 청하기도 한다. 그리고 언제든 자유롭게 본인의 의견을 피력하고 그들의 의견이 회사 정책에 적극 반영되도록 한다.

업무와 관련된 잘잘못을 지적하는 것보다는 경험을 교훈 삼아 더욱 견고히 하는 기업이 되기를 서로 독려한다. 서류를 위한 서류를 지양하고자 회사 안의 모든 종이 서류는 없앴다. 각자의 책상은 말 그대로 책상만 있다.

지금 우리는 회의 시간에 각자의 의견을 말하는 것이 전혀 어색하지 않다. 서로의 눈치만 보고 상급자의 말에 동조하며 무분별하게 따라가던 과거와는 다르다. 자유로운 의견 속에는 분명 행복한 비즈니스가 있다고 굳게 믿는다.

우리는 프로다. 자율성 안에서 최대의 성과를 이루어내는 프로들이다. 그런 그들이 자랑스럽고 고맙다.

## 13) 창의력(創意力) 키우기

위의 사진은 '나이키'의 광고 중 하나이다. 벤치 등받이 부분에 회사의 로고와 'RUN'이라는 문자를 새기고 앉는 부분을 없앰으로써 보는 이로 하여금 운동하라는 메시지를 한 장의 사진으로 보여주고 있다. 광고비는 페인트 값 정도가 되지 않을까 싶다.

또 하나, 전 세대를 통틀어 유명한 장난감을 꼽으라면 아마 레고(LEGO)를 빼놓을 수 없을 것이다. 회사명과 브랜드명이 일치하는 레고 사(社)는 브릭(bricks) 장난감의 외길을 70년 동안 걸어왔다. 레고 사의 제품은 1년에 2억 박스 이상이 팔리고 있으며 장난감뿐만 아니라 테마파크, 비디오 게임, 영화 제작까지 영역을 확장하고 있다.

목수 출신 올레 키르크 크리스티얀센(Ole Kirk Christiansen)은 1932년 덴마크의 빌룬트(Billund)라는 지역에서 장난감 공장을 연다. 초창기 가정에서 쓰는 나무로 만든 생필품과 장난감을 생산하던 그는 2년 뒤 회사 이름을 레고(LEGO)라 짓고 본격적인 장난감 생산에 들어간다. 레고는 덴마크어로 레그 고트(leg godt), 잘 논다(play well)라는 뜻이다.

아래의 사진은 레고로 만든 작품이다. 파란 레고판 위에 기역(ㄱ) 모양을 연결하여 마치 잠수함이 잠망경만 물 밖으로 빼꼼히 내민 듯한 모습을 보여 준다. 작품의 제목은 〈잠수함〉으로서 실제 스웨덴에서 열린 레고콘테스트에서 대상을 받은 작품이다.

작품을 본 네티즌들은 최고의 상상력이라고 한 이들도 있는 반면에 '낚였다'라는 평을 한 네티즌들도 상당수 존재했다. 아마도 이 작품을 만든 참가자는 파란 레고판을 오랜 시간 관찰하며 파란색이 마치 바다와 같다는 생각을 했을 것이다. 관찰로 이어진 생각은 바다 속의 무수한 이야기들을 생각했을 것이고 생각 끝에 블록 한 개를 올려놓아 작품을 완성했을 것이다. 참으로 화룡점정이 아닐 수 없다.

이 사진에서 놀라운 점 또 한 가지는 이 작품에 '대상'을 수여한 레고 회사의 임원진들의 생각이다. 만약 내가 레고 회사 임원이라면 더욱 크고, 세밀한 작품을 만든 사람에게 대상을 주었을지 모르겠다. 하지만 레고의 임원진들은 큰 모습과 세밀한 모습 대신 오랜 관찰에서 나온 듯한 저 작품의 창의성에 더욱 많은 점수를 준 것 같다.

수면을 훑는 바람이 달려드는<br>
물결을 거꾸로 때리면<br>
뒤집히는 물결이 곤두서면서<br>
흰 칼날들이 일어섰다.

– 김훈, '칼의 노래'–

나는 김훈의 표현을 좋아한다. 더 정확히 말하자면 그의 관찰에 대한 선명한 정의를 좋아한다. 위의 글을 보면 거칠게 일어선 파도의 한 장면이 떠오른다. 그의 문장은 군더더기가 없다. 필요한 말만 글을 통해서 그려낼 뿐이다. 그의 글을 보고 있자면 오르지 못할 나무는 더욱 치밀할 정도로 관찰해서 반드시 올라가라는 메시지를 주는 것 같다.

표현은 자세히 살펴보아야 할 수 있는 것이다. 관찰은 직관(直觀)과 통찰(通察)을 통해서 이루어진다. 한 가지의 사물에 대해 자세히 보고 세세히 뜯어봐야 단단한 껍질 속 본모습을 볼 수 있는 것이다.

결국 새롭다는 것은 사물의 이면을 보는 것이다.

매일 운전을 하며 지나치던 길을 걸어서 지날 때 새삼 다른 풍경에 놀란 기억이 다들 하나쯤은 있을 것이다. 예를 들어 간판만 보고 지나쳤던 가게에서는 판매되는 물건의 색깔과 상태, 주인의 인상을 자세히 볼 수 있다. 만약 걸음을 멈춰 서서 그들과 대화를 해본다면 또 다른 이야기들을 들을 수도 있을 것이다. 그렇게 모아진 경험의 정보는 머릿속에 저장되고 기존에 가지고 있던 정보와 혼합되어 새로운 지식(앎)을 축적해 나가게 된다. 이런 지식을 '창의'라고 부르기도 한다.

얼마 전, 고등학교 2학년 학생이 경쟁 사회가 싫어 학교를 자퇴하고 치른 공무원 시험에 합격했다고 하는 기사를 보았다. 빠른 진로 수정과 단호한 결정, 그 결정을 따라준 부모에게는 박수를 보낸다. 하지만 과연 그 학생이 앞으로 남은 40년이 넘는 재직 기간을 경쟁에서 벗어날 수 있을까라는 의문과 너무도 젊은 나이에 여러 가지 경험을 해보지 못하고 사회생활에 첫발을 내딛는 부분에서는 안타까운 마음이 든다. 무엇보다도 청소년들을 그렇게 내몬 나를 포함한 기성세대들의 많은 반성이 필요하다고 생각한다.

부디, 시답지 않은 일에 국가 예산을 낭비하지 말고 이들이 자신의 삶을 자유롭게 경험할 권리에 관심을 가졌으면 좋겠다는 생각을 해본다.

내 인생에 이토록 관심이 있었던 적이 있었는지 싶다. 이것은 '가치 있는 삶'은 무엇인지에 대한 끊임없는 물음을 던져 주었고, 그 물음에 대한 풀이는 현재진행형이다.

오늘도 그 '가치 있는 삶'을 살아가기 위해 내 자신을 끊임없이 분해하고 조립하는 과정을 되풀이하는 중이다. 그에 대한 해답을 이 생에 구할 수 있을지는 모르겠다. 다만 중요한 것은 내 스스로가 그것에 대해 자각하고, 또 노력하고 있다는 것이다.

나를 설명할 수 있는 삶. 그리고 현실과 꿈 사이 어딘가를 헤매고 있을 이들과 함께하는 삶을 살고 싶다.

## | 에필로그 |

오래전 나의 책을 한 권쯤은 내야겠다는 생각을 막연하게 한 적이 있다. 하지만 그것은 마치 나에게 허락되지 않는 영역인 것 같아서 '언젠가는'이라는 변명의 대전제가 붙곤 했다.

8개월에 걸친 글쓰기 작업을 마치고 출력 버튼을 눌러 모든 원고를 출력했다. 제법 묵직한 종이들을 보면서 지나간 시간들이 떠올랐다.

처음 글을 쓰기로 결심했을 때, 그 '언젠가는' 책을 출판하겠다는 목표를 앞당겼을 때, 이만저만 고민한 것이 아니었다. 나라는 사람은 그다지 내세울 것도, 특출할 것도 없는 사람인데 그런 인생을 활자로 옮기려니 여간 어렵고 쑥스러운 것이 아니었다.

하지만 세상은 1%의 소수보다 99%의 '특별한 보통의 존재'들이 더 많다는 생각이 들었고, 오히려 나 같은 보통의 사람의 글을 모아 보는 것도 좋겠다는 생각에 미치자 조금씩 졸필을 모아 글 묶음을 만들었다.

글을 쓰다 보니 인생에 뛰어난 반전은 없었지만 별거 없을 것 같던 나의 서른 중반의 인생 중간중간에는 나름대로 수많은 시도와 실패의 연속이 있었고 그것들을 극복해 나가는 현재 진행형의 일들이 있었다.

한 치 앞도 보이지 않는 20대를 지나오며, 30대에는 내 자신이 무엇인가 대단한 사람이 되어있을 거라는 막연한 가정 속에 살았었다. 결국 서른 중반에 이르러서야 그것은 굉장한 착각이었음을 깨달았고 마침내 스스로를 경영하기 위해 10년간의 회사 생활을 그만두었다.

수년 동안 얇은 명함 한 장에 규정되어진 삶을 살아간다는 것은 마치 남의 인생을 대신 살아주는 느낌이었다. 왜 해야 하는지도 모르면서 억지로 해나갔던 일들, 반복됐던 일상, 누군가가 나의 목을 쥐고 있는 마음. 이러한 것들에서 벗어나 내 삶을 스스로 경영하며 새롭게 살고 싶었다.

동물원의 호랑이는 사육사가 매일 가져다주는 먹이에 안전함과 편안함을 느끼겠지만 그것 자체가 호랑이의 존재 이유가 될 수는 없을 것이다. 세상의 거친 풍파와 드넓은 들판을 달려 나가며 밀림을 호령할 때 비로소 호랑이로서의 존재감이 빛날 것이다.

지나간 어제가 모여 오늘을 만들고, 오늘 아침은 두 번 다시 돌아오지 않는다. 이것이 시간이라는 것이 가지고 있는 잔인성이자 그것을 소중히 여겨야 하는 이유다. 자신만의 인생을 살지 못하는 삶은 결국 남이 만들어 놓은 세상 속에 갇히는 것이다.

우리 스스로 선택하고, 그 선택에 대한 책임을 질 수 있다는 것은 어찌 보면 축복일 수도 있다.

그래서 나는 새로운 인생의 출발점에서 '글쓰기'라는 것에 도전했고 그 도전의 점들은 다시 선으로 이어져 사람과 사람을 이어주는 매개체가 되었다.

앞이 보이는 안전한 인생 대신 얻은 것은 한 치 앞도 보이지 않는 하루하루였다. 당장 내일 어떤 일이 벌어질지 모르는 삶을 살아왔기에 그저 지금 이 순간에 최선을 다하는 수밖에 없다.

어떻게 살아야 하는지에 대한 정답은 없다. 각자 살아가는 방식은 다를 수밖에 없다. 다만 삶에 대해서 확고해진 신념 중 하나는 주어진 삶을 '가치' 있게 살아야 한다는 것이다. 살다 보면 돈도 벌어야 하고, 취업도 해야 하고, 결혼도 해야 할 것이며 자녀도 양육해야 할 것이다. 우리 부모님도 그렇게 살아오셨고 나의 친구들도 그렇게 살아가고 있는 중이다.

이 책을 읽어낸 '특별한 보통의 존재'들에게 한마디만 하고 싶다. 아무것도 내세울 것 없던 우리의 인생은 전 우주에서 단 하나밖에 없는 '특별한 존재'다. 그래서 우리는 '특별한 보통의 존재', 즉 'Super Normal'이다.

홀로 있는 'Only 1'이 아닌, 그렇다고 남을 밟고 일어서는 'Number 1'이 아닌 우리는 유일무이한 'Only Number 1'인 존재다.

마지막으로 이 글을 끝까지 인내하며 읽어준 특별한 보통의 존재들과, 지난 1년간 옆에서 글에 대한 조언을 아끼지 않은 이정훈 대표에게 깊은 감사의 말을 전한다.

막상, 들여다보니 꽃 같은 내 인생.

**루저/Loser**

2017년 1월 20일 1판 1쇄 인쇄
2017년 1월 25일 1판 1쇄 발행

저 자 : 김 태 한
발행인 : 한 정 주
발행처 : 교육과학사

경기도 파주시 광인사길 71
전화 : (031) 955-6956~8 팩스 : (031) 955-6037
Home-page : www.kyoyookbook.co.kr / E-mail : kyoyook@chol.com
등록 : 1970년 5월 18일 제2-73호

정가 10,000원

ISBN 978-89-254-1113-2

Printed in Korea.